처음
해외
주식

종목 고르기부터 매매 전략까지

처음 해외주식

이콘

누구나 처음이 가장 어렵고 막막하다.

나 역시 처음 주식을 하면서 막막한 마음이 들어 투자 고수, 투자 대가들의 책을 찾아 쭉 읽어본 적이 있다. 분명 멋진 경험들과 대단한 노하우들이 많았지만, 막상 완전 처음 주식을 하면서 막막하게 느껴지는 것들에 대한 갈증을 풀어주지는 못했다. 아마 투자의 대가들이 보면 어처구니없을 것이겠지만, 말 그대로 처음이기에 더욱 크게 느껴지는 막막함과 꼬리를 무는 궁금증들이 결정적으로 투자를 망설이게 만들기 때문이다.

이 책의 저자는 전공도, 회사도, 심지어 업무조차도 주식과 무관했기 때문에 초보 투자자들, 특히 처음 주식투자를 시작하는 사람들이 느끼는 이러한 막막함을 누구보다도 잘 이해하고 있으며, 그 공감대를 책에 잘 녹아내었다. 열심히 회사를 다녔지만 텅 빈 통장 잔고를 보며 받은 충격, 그로 인해 시작한 주식, 그 중에서도 왜 하필 미국주식을 하게 되었는지, 또 주식투자로 인해 절약은 물론 투자 금액을 늘리는 재미까지, 투자를 시작하면서 느꼈던 과정을 누구보다 생생하게 담았다.

또 처음 주식을 시작하는 이들이라면 누구나 가질만할 '어디에 어떻게 얼마나 투자하지?'라는 질문에, 당장 시도해볼 수 있는 구체적이고 설득력 있는 답변을 담았다. 어렵고 딱딱한 숫자보다는 저자 본인의 경험을 위주로 설명하는 매수 및 매도 방법은 마치 선배의 재밌는 썰을 듣는 느낌마저 들게 한다. 단순히 '무조건 이렇게 해야 한다'가 아니라, 어떻게 공부하고 기록하면 되는지를 구체적으로 보여주므로 바로 실천해볼 수 있는 든든한 실전 참고서라고도 할 수 있겠다. 무엇보다 저자는 유튜브를 통해 수만 명의 구독자들과 미국주식 관련 내용을 소통한 경험을 통해 초보 입장에서 어떤 것들이 가장 궁금하고, 필요한지를 잘 알고 있다.

앞서 언급한 것처럼 이 책에서는 어려운 숫자, 생소한 전문용어들을 찾아보기가 힘들다. 투자의 본질은 기업이며, 기업의 가치는 딱딱한 숫자만으로 알 수 있는 것이 아니라는데 대부분 동의할 것이다. 특히 지금, 그리고 앞으로 미국에서 주도권을 쥐는 기업들은 과거와 달리 공장, 시설과 같은 유형자산이 아닌 브랜드 가치, 특허, 데이터 등 숫자로 표현되지 않는 무형자산들을 많이 가지고 있다는 공통점이 있다. 쉽게 말해 숫자만으로는 기업 가치와 미래를 평가할 수 없다는 것이다. 결국 이러한 무형자산의 가치가 만들어내는 스토리를 이해하고 상상력을 발휘하는 것이 곧 새로운 투자의 안목이며, 장기적인 초과 수익을 내는데 더욱 중요하다는 저자의 생각과 투자전략에 적극 동의하는 바다. 그렇기에 더더욱 초보자 누구나, 어려운 전문지식 없이도 이 책을 통해 투자에 충분히 성공할 수 있다고 생각한다.

미국주식에 어떤 종목이 있는지 잘 몰라도 상관없다. 저자가 들고 온 다양한 사례와 그 경험담을 모두 읽고 나면 자연스럽게 수십 개의 종목이 정리되고 친숙해질 것이다. 그렇기 때문에 어디에 투자해야 하는지에 대한 막막함이 별도 공부 없이도 충분히 해소될 수 있을 것이라 생각한다.

결국 우리가 책을 읽는 이유 중 하나는 시행착오를 줄이고 노하우를 빠르게 얻기 위함이다. 이 책의 제일 큰 장점은 미국주식에 처음 투자하는 서학개미와 초보 투자자들을 위해, 저자가 시행착오를 겪으며 체득한 미국주식 노하우를 가감 없이 경험담 위주로 솔직하게 담고 있다는 점이다. 마치 그 당시의 상황에 직접 있는 것 같은 느낌까지 들어, 저자의 실수를 간접적으로 체험해보고 꼭 필요한 실전투자 지침들을 얻을 수 있다. 특히 처음 미국주식을 시작하거나, 시작은 했지만 막막한 독자들의 투자에 큰 도움이 될 것이다.

투자 방법에는 정답이 없다고들 하지만, 하루라도 빨리 시작하는 것만큼은 정답에 가까운 이야기가 아닐까 한다. 이 책을 읽는 독자들 역시 망설임과 두려움을 훌훌 털어버리고 곧바로 투자를 시작하여 경제적 자유에 한걸음 더 가까이 다가서기를 진심으로 기원한다.

유튜버 소수몽키

작년 한때 주요 포털사이트 실시간 검색어에는 '게임스탑' 'GME' 등 미국주식시장 관련 키워드가 활발히 오르내렸다. 해외주식 시장에 대한 국내 투자자들의 관심이 급격히 늘었단 뜻이다. 실제로 국내 투자자의 외화증권 결제액은 지난해 4분기 898억 8,000만에서 올 1분기 1,575억 6,000만 달러로 75.3% 늘었다.

이미 많은 이들이 시작한, 그리고 시작하고자 하는 해외주식 투자. 조금 더 쉽게 배울 수는 없을까? 고민하는 이들에게 나는 꼭 『처음 해외주식』을 선택하라고 말하고 싶다.

왜인지 묻는다면, 질문을 하나 던져보겠다. "왜 주식 투자를 시작했는가(혹은 시작하려는가)?" 솔직한 답을 마음속으로 생각해 보자. '빠른 은퇴를 위해서'부터 '남들이 다 하니까' 등등, 다양한 답이 나올 것이다. 그럼 또다시 생각해 보자. "왜 이 종목에 투자하는가(혹은 투자하려는가)?" '이 사업 분야가 유망하다고 생각해서'부터 '친구가 추천해서' 등등, 더 다양한 답이 나올 것이다.

이처럼 투자에 대한 질문에는 정답이 없다. 그런데 이 질문에 '남들이 다 하니까' 주식을 하고, '나는 잘 모르지만 누군가 추천해줘서' 이 종목을 산 사람이라면 아마 투자를 잘하는 사람은 아닐 것이다. 단기적으로 수익을 맛봤더라도, 장기적인 수익으로 이어지긴 힘들다. 그리고 아마 이 질문에 잘 답할 수 있는 사람이라면 투자도 잘하는 사람일 가능성이 크다. 저마다 이유는 다르겠지만.

아직 저 두 가지 질문의 답변에 자신감이 없다면 『처음 해외주식』을 꼭 읽기를 바란다. 정답이 없는 투자의 세계지만, 투자 마인드 세팅부터 종목을 보는 세세한 눈까지, 하나의 모범답안을 그대로 엿볼 수 있을 것이다.

신한금융투자 디지털전략본부장
옥형석

목 차

추천사 _004

1장. 내가 주식을 시작하게 된 이유

1 그 많던 돈이 다 어디 갔을까? _016

2 우당탕탕 주식 도전기 _022

3 지금 시작해도 늦지 않았다 _029

2장. 국내주식보다 미국주식

1 국내주식보다 미국주식으로 돈을 벌다 _034

2 미국주식, 너무 재미있고 마음이 편하다! _042

3 소나기 막아주는 달러라는 우산 _047

3장. 내가 종목 고르는 방법 4가지

1 이거 어디 거지? 호기심 갖기 _054

2 넘진벽 기업 찾기 _064

3 꿈나무 기업 찾기 _089

4 두 번째 월급 주는 기업 찾기 _099

4장. 수익률 높이는 매매 습관 5가지

1 잘못된 매매 습관은 뼈아픈 손실을 만든다 _124

2 로봇 전략 _128

3 청개구리 전략 _137

4 환승 전략 _149

5 어장관리 전략 _157

6 자리맡기 전략 _168

5장. 주식 투자하면서 꼭 챙겨야 할 마인드 3가지

1 단기적인 주가 변화에 너무 신경 쓰지 말기 _184

2 조급해하지 말기 _190

3 투자자의 무기, 현금흐름 만들기! _198

맺음말 _205

부록. 주린이가 자주 하는 질문 Top11

1 미국주식 공부하는 방법? _210

2 언제 환전하면 좋을까? _222

3 미국주식 세금은? _228

4 수수료 아끼는 방법이 없을까? _234

5 미국주식 시장이 열리는 시간은? _238

6 미국의 증권 거래소는 뭐가 있을까? _242

7 주가지수라는 게 뭘까? _247

8 ETF가 뭘까? _252

9 섹터란? _259

10 미국주식 시장에서 꼭 알아야 할 규칙? _262

11 미국주식 거래가 익숙하지 않다면? _268

1장　내가 주식을 시작하게 된 이유

1
그 많던 돈이
다 어디 갔을까?

입사 6개월 차, 처음으로 하게 된 연말정산.

'내가 이렇게 많은 돈을 받았던가?'싶을 정도로 꽤 많은 월급을 받아왔지만 통장 잔고에 남은 건 300만 원이었습니다. 연봉 많이 주는 대기업 들어갔다고 좋아했던 것이 무색해지는 초라한 성적표였죠. 그래서 '나만 이렇게 사는 것일까'하는 마음으로 직장 선배에게 고민을 털어놨건만, 돌아오는 이야기는 충격적이었습니다.

"나는 부모님 카드 쓰면서 내 월급은 다 저축해"

비슷한 고민을 하고 있을 줄 알았던 선배는, 예상과 다르게 무려 월급의 100%를 저축하고 있었습니다. 평소 생활비는 부모님 카드를 쓰면서요. 부모님에게 직접 증여를 받으면 세금을 내야 하니 일종의 편법을 써서 증여를 받고자 하는 것이었습니다. 뉴스에 나오는 부자들에게나 있을 법한 일이라 생각했는데 가까운 선배가 그 주인공이었다니 충격이었습니다.

눈을 뜨고 주변을 살펴보니 그 선배만이 그런 경우는 아니었습니다. 입사하자마자 부모님으로부터 청약 당첨된 아파트를 물려받아 부동산 대박을 맞은 동기도 있었고, 부모님이 마련해준 전셋집에서 살면서 월급을 모두 저축한다는 또 다른 친구도 있었습니다.

다들 티를 내지는 않았지만 나름의 계획이 다 있었던 것입니다. 회사원이라는 비슷한 옷을 입고 있지만 알고 보니 각자 다른 출발선에 서 있었죠. 그동안 퇴근하고 나서도 회사 일을 하던 제 모습에 공감하지 못하던 선배의 눈빛이 이제 이해가 되었습니다.

알면 알수록 세상은 불공평해 보였지만 그렇다고 신세한탄만 할 수는 없었습니다. 대책을 마련해야 했습니다. 아버지는 몸값을 높여 연봉 높은 회사로 이직하라 조언해 주었지만 그건 답이 아닌 것 같았습니다. 연봉이 높아진다고 한들, 월급의 전부를 저축해가며 자산을 빠른 속도로 불려나가는 선배와의 격차가 쉽게 줄어들 것 같지는 않았기 때문입니다. 그저 같은 고민이 되풀이될 것이었습니다.

결국 필요한 건 목돈이었습니다. 목돈이 있어야 사업을 하든 투자를 하든 그 다음 단계가 나올 수 있다고 생각했습니다. 당장 할 수 있는 건 스스로 소비를 줄이는 일이었습니다. 월급이 많아지면서 함께 늘어나버린 씀씀이를 줄이는 게 최우선 순위였죠. 엑셀로 가계부까지 꼼꼼히 작성해가며 야심 차게 돈 모으기 프로젝트를 시작했습니다.

덜 쓰는 것의 한계, 더 벌기로 결심하다 ─────

안타깝게도, 가계부는 딱 한 달 만에 때려치울 수밖에 없었습니다. 가계부를 쓰는데 들이는 시간에 비해 지출이 거의 줄어들지 않았기 때문입니다. 가계부를 열심히 써도 갑자기 일이 터져 돈 쓸 일이 생기는 등 상황이 내 마음처럼 흘러가지 않았습니다. 이렇게 되니 가계부를 쓰는 것 자체가 너무 큰 시간 낭비처럼 느껴졌습니다. 그 시간에 차라리 돈을 더 버는 방법을 연구해야겠다는 생각이 들었습니다.

그 다음에 고민한 방법은 투잡이었습니다. 그렇지만 서

올-용인 왕복 출퇴근길을 오가며 하루하루가 벅찬 상황에서 또 다른 일을 할 수는 없는 노릇이었습니다. 결국 제가 할 수 있는 최선의 방법은 제 돈을 굴리는 것이었습니다. 지금껏 놀고 있던 돈을 일하게 해서 더 많은 돈을 벌어오는 것이었습니다.

처음으로 찾아본 것은 예적금이었으나, 말이 안 되는 이자율에 놀라고 말았죠. 소중한 돈을 묶어두는데 고작 1~2%의 이자밖에 주지 않는다니! 천만 원으로 이자율 2%짜리 적금에 든다고 한들 나오는 이자는 연 20만 원, 솔직히 쇼핑 한번 꾹 참으면 나올 돈이었습니다. 결국 저축과 다를 바 없는 예적금도 좋은 방법은 아니었습니다. 일확천금을 바라는 것은 아니지만 적어도 물가상승률보다는 높은 이자율을 받아야 하겠죠!

물론 예적금을 하면 강제로라도 돈을 저축할 수 있습니다. 그런 효과를 노리고서라도 해야 하나 고민을 했지만 실질적인 경제적 사정이 전혀 나아지지 않을 것 같았고, 당시 남자친구이자 지금 남편이 크게 반대했습니다. 돈에 대한 스트레스가 오죽하면 예적금을 하냐 마냐를 갖고 피 터지게 싸우기까지 했을까요.

"그래도 일단 시드머니 모을 때까지는 예적금 해야지!"

"예적금 하는 것만큼 바보 같은 짓은 없어"

뭐라도 해봐야겠다는 생각에 이 은행, 저 은행 이자율을 비교해보던 내게 쓴소리만 하던 남자친구가 야속하기도 했지만 반박할 수 없었습니다. 현실적으로 생각했을 때, 또 다른 대안을 찾을 수밖에 없었죠.

막막한 마음으로 인터넷에 '부자 특징'을 검색해봤습니다. 놀랍게도 월급만 착실히 모아서 부자가 된 사람은 없었습니다. 의사, 변호사 등 소득이 높은 직종의 사람들도 진짜 부자가 된 건 모은 돈을 부동산, 주식 등에 투자해 몇 배로 불린 뒤부터였습니다. 한 의사는 자신의 블로그에서 더 넓은 병원으로 이전할 돈으로 주식, 부동산을 더 사기로 결정했다는 글을 남겼습니다. 의사로서의 전망과 투자자로서의 전망, 둘 중 투자자로서의 전망을 더 좋게 보았기 때문일 것이겠죠. 이 사실을 알고 나니 머리를 한대 얻어맞은 것 같았습니다. 어쩌면 부자와 가난의 격차를 벌리는 건 단순히 소득의 문제가 아니라 부동산, 주식과 같은 자산의 소유 여부가 결정하는 것이 아닐까라는 생각이 들었습니다.

무엇보다 부자들이 왜 주식을 들고 있는지를 눈여겨 보니, 2020년 기준 전 세계 상위 1%의 부자들이 세계 모든 기업 주식의 53%를 들고 있다는 걸 발견했습니다. 30년 전만해도 43%였지만, 그 비중이 점점 커지고 있습니다. 부자들은 왜 계속해서 기업의 주식을 사 모으고 있었을까요? 결국 무서운 성장하는 기업들과 성장의 결실을 나누어 먹는 것이, 개인이 돈을 버는 것보다 더욱 큰 부자가 되는 길이라는 생각이 들었습니다.

당연히 월급쟁이였던 제게 부동산에 투자를 할 돈은 없었습니다. 바로 시작해볼 수 있는 부자의 특징은 오로지 주식 투자, 그 한 가지뿐이었습니다. 그렇게 저는 본격 주식 투자의 길에 들어서게 되었습니다.

2
우당탕탕
주식 도전기

누군가는 철저한 준비 끝에 새로운 시도를 한다면 저는 일단 시작해보고, 해보면서 배우는 사람입니다. 그래서 정말 아무것도 모르는 상태에서 주식 시장에 일단 뛰어들었죠. '왜 기업 규모가 더 큰 현대자동차가 현대모비스보다 주가가 싸냐'고 물어봤을 정도로, 주식에 대해 아무것도 몰랐습니다.

당연히 처음부터 곤욕을 치렀습니다. 사기만 하면 이상하게 주가가 떨어지는 것이었습니다. 지금 생각해보면 빌게이츠가 사서 돈 벌었다는 뉴스를 보고 따라 사거나, 위험한

3배 레버리지 상품에 투자하는 등 온갖 위험천만한 투자는 다 했으니 돈을 버는 게 이상했을 것입니다. 당시 오랫동안 투자해온 남자친구에게 조언을 구하기도 했지만, 자랑할 수 있는 투자 실적을 낸 것은 아니었고 오히려 부끄러워서 숨기기만 했습니다.

기준과 원칙 없이 한 투자의 대가는 혹독했습니다. 300만 원으로 시작했던 계좌가 어느새 100만 원이 되어가는 것이었습니다. 누군가는 첫 투자부터 대박 내는 초심자의 행운을 겪기도 한다고 하는데 적어도 저에게 그런 행운은 없었던 것 같습니다. 그런데 확실히 제 돈이 들어가니 금방 더 열심히 하게 되었습니다. 평소 일기를 쓰던 저는, 자연스레 투자 일기도 쓰게 되었고 어느새 제 나름의 노하우들이 쌓여 가기 시작했습니다.

새롭게 투자용 계좌를 만들고, 처음 주식을 사보고, 매수하려다 실수로 매도하는 등. 처음에는 투자하며 겪는 모든 일들을 기록했습니다. 새로운 세상에 눈을 뜬 어린이의 일기장과도 같았죠. 그러다 점점 내가 투자한 종목에 대한 정보와 생각을 정리하는 노트로 발전했습니다. 다음 그림처럼 기업의 실적은 어땠는지, 제가 왜 투자했는지, 투자 성과는 어떤지 등의 내용을 정리했습니다. 이렇게 정리하자, 제가 뭘 모르는지를 알 수 있었고 그만큼 더 찾아보고 공부하며 투자 실력을 키워나갈 수 있었습니다.

2019년부터는 노트에 쓰던 내용들을 유튜브 영상으로도 기록하기 시작했습니다. 채널 〈앙찌의 미국주식 다이어리〉을 만들어 공부한 내용을 5~10분짜리 영상으로 짧게 요약해 올렸습니다. 혼자만의 기록으로 남기는 것이 아쉽기도 했고, 또 다른 사람에게 설명해주는 것만큼 확실한 공부 방법이 없다고 생각했기 때문입니다.

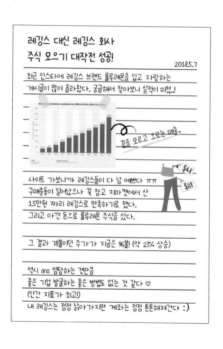

그렇게 조금씩 주린이의 옷을 벗기 시작했습니다. 물론 반토막 난 주식들로 수업료를 내긴 했지만, 비워진 곳간은 금방 채워졌습니다. 소액으로 시작했기 때문에 손실은 다음 달 월급으로 메꿀 수 있을 정도였습니다.

그러나 주식 시장이 만만하지 않다는 것을 느낄 수 있는 것은 무엇보다 중요한 경험이었습니다. 기관과 개인의 치열한 심리싸움이 펼쳐지는 시장에서 초보 투자자인 제가 요령으로 이길 방법은 없어 보였습니다. 꾼들의 싸움에 끼고 싶은 생각도 없었습니다. 치열한 전투 속에서는 오로지 좋은 기업의 주식을 꾸준히 사 모으는 방법만이 저 같은 평범한 투자자가 살아남는 길이라는 깨달음을 얻었습니다.

투자하지 않았으면 큰일 날 뻔했다!

주식 투자를 시작하지 않았다면 지금 제 인생은 어땠을까요? 저축도 포기한 채 여선히 조라한 통장 잔고 앞에서 좌절하고 있을지도 모르겠습니다. 오르지 않는 연봉과 매년 깎이는 성과금 앞에서 투덜거리면서 말이죠. 그런데 주식 투자를 한 덕분에 돈에 대한 공부도 하고, 시드머니 역시 차곡차곡 모을 수 있었습니다. 300만 원을 모으는데 6개월

이 걸렸지만, 그 10배인 3,000만 원을 모으는 데는 1년도 채 걸리지 않았으니 나쁘지 않은 성과였습니다.

제가 남들보다 특별히 높은 수익률을 낸 건 아니었습니다. 주식 투자에 재미를 느끼니 저절로 돈을 절약하게 되고, 월급 들어오는 족족 주식을 사 모으다 보니 돈 모이는 속도가 더 빨라진 것이었습니다. 저는 진심으로 투자에 재미를 느끼고 있었고, 이것은 곧 다음 그림과 같은 선순환의 고리를 만들어냈습니다.

[주식 투자 선순환 고리]

한번 이 선순환의 기쁨을 느끼니, 자연스레 돈을 더 벌고 싶은 욕심이 들었습니다. 그래서 불필요한 소비를 줄여가며 투자금을 늘렸고, 그렇게 돈이 불어나는 속도가 빨라지면서 경제적 자유에도 더 가까워지는 걸 느꼈습니다. 주식 투자의 선순환 고리 속에서 저는 새로운 삶의 방식을 찾았고, 처음 목표로 삼은 목돈도 더 빨리 마련할 수 있었죠.

또 중요한 점은, 수익률에만 집중하지 않았다는 것입니다. 그랬다면 오히려 재미를 잃어 금방 그만뒀을 지도 모릅니다. 주가가 오르내리는 과정에서 자신감도 쪼그라들기 때문입니다. 저는 오히려 배당에 집중했습니다.

배당이란, 기업이 돈을 벌면 번 돈의 일부를 주주들에게 나누어 주는 것이라고 할 수 있습니다. 즉 주식을 들고만 있어도 배당금 명목으로 계좌에 현금이 들어오는 것입니다. 당연히 투자금이 늘어날수록 더 많은 배당금이 들어옵니다. 월급만이 수입이었던 저에게 두 번째 수입이 생겼다는 건 매우 설레는 일이었습니다. '다음 달에는 배당 더 많이 받아야지!'라는 목표가 생긴 것만으로도 돈 모으는 재미를 붙이기에 충분했습니다.

돈이 차곡차곡 쌓이자 소비의 즐거움보다 투자의 즐거움이 더 커지기 시작했습니다. 지금은 나이키NIKE 운동화를 하나 사는 것보다 나이키 주식을 1주 갖는 것이 훨씬 즐거운 일입니다. 운동화 살 때의 즐거움은 오래가지 않지만, 시간이 지날수록 불어나는 나이키 주식을 보는 즐거움은 계속 이어지기 때문입니다. 심지어는 언제든 마음만 먹으면 주식을 팔아 운동화를 살 수도 있습니다. 이런 투자의 재미를 알게 되니 마음은 풍족했습니다. 이것이 단 1%의 스트레스도 받지 않고 스스로 절약하게 되는 핵심 비결이었습니다.

3
지금 시작해도
늦지 않았다

많은 사람들이 돈 더 버는 방법으로 자기 몸값을 높이는 데만 집중합니다. 저 역시 퇴근 후 여기저기 자기 계발 강의를 들으러 다니곤 했습니다. 연봉을 높이는 것이 정답이라고 생각했기 때문입니다. 그렇지만 자본주의 사회를 살아가는 이상 노동자이자 사본가로 살아가는 방법도 알아야 합니다. 결국엔 돈이 돈을 불러오는 속도가 훨씬 빠르기 때문입니다.

자본가가 되는 가장 쉬운 첫걸음은 주식을 사 모으는 것입니다. 비록 처음에는 노동 소득에 비해 이 자본 소득의 비중이 한참 적게 느껴지지만, 시간이 지날수록 그 중요성은 커져갑니다. 자본 소득의 안전성을 완전히 보장할 수 없기 때문입니다. 그리고 저 역시 그 여정을 계속하고 있습니다. 다음은 지금까지 제 소득 구성의 변화를 도식화한 것입니다.

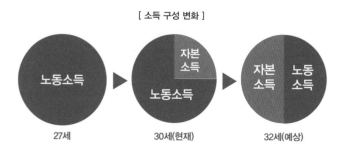

[소득 구성 변화]

노동소득
27세

자본소득
노동소득
30세(현재)

자본소득 노동소득
32세(예상)

지금도 절대 늦지 않았습니다. 1살이라도 어릴 때 시작할수록 좋습니다. 최대한 일찍 성장하는 기업의 주식을 사 모으며 자본가가 되는 훈련을 해야 합니다. 그만큼 자본가로 거듭나는 시간을 단축시켜줄 것이기 때문입니다. 혹시나 주식 투자에 대해 안 좋게 이야기하는 지인들이 있다면 조용히 멀리해도 좋습니다. 부자는 주식 투자를 도박이라고 이야기하지 않으니까요.

물론 주식이 당장 인생을 180도 바꿔주지 않습니다. 혹시나 일확천금을 바라고 주식 투자를 시작한다면 저 역시도 적극적으로 말리겠습니다. 저는 연 10~20% 수익률을 목표로 하는 안정적인 투자를 했습니다. 그래도 충분히 인생이 긍정적인 방향으로 바뀌었고 앞으로도 그럴 거라는 확신이 있습니다. 이 책에서는 재테크는커녕 소비밖에 몰랐던 제가, 어떻게 험난한 주식 시장에서 돈을 불리며 성공적으로 자본가의 길에 입성할 수 있게 되었는지 그 비결을 아낌없이 나누고자 합니다.

2장

국내주식보다 미국주식

1
국내주식보다
미국주식으로 돈을 벌다

..ııllll$ıllll

최근 미국주식에 대한 사람들의 관심이 늘어났습니다. 미국주식에 투자해서 국내주식보다 안전하게 돈을 벌었다는 사람들이 속속 등장했기 때문입니다. 관련 뉴스들도 확실히 많아지다 보니 국내주식을 건너뛰고 바로 미국주식부터 시작하는 투자자들도 많아졌습니다.

미국 증시가 아무래도 선진 시장이기 때문에, 안정성과 수익률이 더 좋다고 생각할 수도 있습니다. 그러나 단순히 그 이유 때문에 미국주식이 국내주식보다 더 낫다고 이야기하긴 어렵습니다. 투자자의 매매 전략이나 습관에서 차이가 어느 정도 있을 뿐, 사실 어느 쪽에 투자를 하든 버는 사람은 계속 벌고 잃는 사람은 계속 잃습니다.

실제로 장기적으로 보면 미국과 국내, 두 시장 모두 우상향 해왔습니다. 다음 그림과 같이 최근 10년이냐, 최근 20년이냐 등 시점을 어디에 두느냐에 따라 수익률이 다르게 나타나는 것 뿐입니다. 결국 중요한 것은 투자자 본인이 자신에게 더 잘 맞는 시장을 찾는 것입니다. 자신이 돈을 벌 수 있는 시장을 찾는 것이지 어디가 객관적으로 더 나은지는 개인투자자에게 큰 의미는 없습니다.

[KOSPI(국내주식)과 S&P500(미국주식) 수익률 비교. 출처: Stockcharts]

최근 10년(2011~2020)　　　　최근 20년(2001~2020)

저는 2017년 처음 주식을 시작했는데, 그때 투자금 중 절반은 국내주식에, 절반은 미국주식에 투자했습니다. 주변 사람들은 미국주식을 추천했지만, 그래도 더 쉽게 접할 수 있는 국내주식에도 투자하는 게 나을 듯싶어 나누어 투자하기로 했습니다. 일단 둘 다 투자를 해보면서 저에게 더 잘 맞는 주식을 찾아보는 것이 계획이었죠. 국내주식 대 미국주식, 어디가 수익률이 더 높았을까요?

시장이 다르면 분위기도 다릅니다 ____

결과는 미국주식의 압승이었습니다. 2017년 9월부터 2018년 8월까지 1년 동안 최대한 두 시장 모두 열심히 알아보며 투자했습니다. 처음 6개월 동안은 국내주식, 미국주식 모두 비슷한 성과를 보였죠. '뭐야, 별 차이 없네?' 생각하는 순간, 두 주식 간 차이가 벌어지기 시작했습니다. 국내주식은 주가가 떨어져 그동안 올랐던 상승분을 다시 반납한 반면, 미국주식은 꾸준히 올라주었던 것입니다.

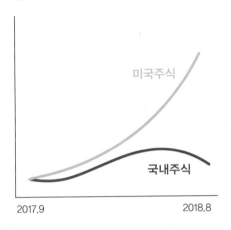

[미국주식, 국내주식 수익률 그래프(2017.9~2018.8)]

미국주식

국내주식

2017.9   2018.8

　제가 특별히 미국주식을 잘했다기보다는 국내주식과 미국주식 시장의 분위기가 달랐습니다. 미국 증시는 안좋은 소식에도 흔들림이 적어 걱정할 것이 없었던 반면 국내 증시는 '코스피 붕괴' '검은 목요일' 등 크게 휘청거린 적이 많았습니다.

　그러다가 결정적으로 미국과 중국 간 무역 갈등이 커지면서 세계 정세가 불안해진 것이 화근이었습니다. 불안감을 느낀 외국인들이 위험 자산인 국내주식을 팔기 시작하자, 분명 제가 투자한 기업들의 실적에는 문제가 없었는데 그와 상관없이 주가가 다 하락해버렸습니다.

안그래도 성적이 좋지 않았는데, 제 국내주식은 2018년 1월에 치명적인 타격을 입었습니다. 일명 '셀트리온 사건'으로, 회사 동료의 말을 듣고 투자했었죠. 사건의 약 1년전, 당시 회사 동료가 무려 2억 원을 투자했다는 말을 듣고 저는 경악했습니다. 그렇게 큰 돈을 한 종목에만 몰아넣는 것은 위험한 투자였으니까요. 그런데 이후 셀트리온 주가가 거

[2018년 1월 셀트리온 관련 기사]

의 3배 상승하면서 그 동료는 이른바 주식 대박을 맞게 됐습니다. 그러자 위험한 투자라고 생각했던 것도 잠시, 저 역시 그 엄청난 수익률에 혹하고 말았습니다. '누가 얼마 벌었다더라'는 소식을 뉴스에서 볼 때는 아무렇지 않다가도 바로 옆 사람이 돈을 벌었다고 하니 금세 흔들리는 것이었습니다. 그래서 결국 하지 말았어야 할 선택, 셀트리온 주가가 한창 올랐을 때 뒤늦게 매수했습니다.

그러나 그곳은 이미 끝난 잔치였습니다.

제가 투자한 지 얼마 지나지 않아, 셀트리온 주가는 본격적으로 하락하기 시작했습니다. 외국인 투자자들이 급격하게 빠진 것부터 시작해, 미디어에서도 셀트리온에 대한 좋은 기사가 쏙 들어가고 '바이오주 거품 붕괴' '지나친 고평가' 등의 기사가 쏟아져 나왔습니다. 4개월 만에 투자금 30%가 증발해버렸으니 주가와 함께 제 멘탈 역시 붕괴될 지경이었습니다. 애초에 기업에 대해 잘 알고 매수한 것도 아니었기 때문에 '기다리면 오르겠지'라는 믿음이 있을 리도 없었다. 결국 저는 제 실수를 인정하고 큰 손실을 보고 팔 수밖에 없었습니다.

자신만의 기준을 갖고 투자하는 미국주식

사실 셀트리온뿐만 아니라 국내주식은 이런 패턴의 반복이었습니다. 정보가 많으면 좋을 것이라는 예상과 달리, 오히려 주변에서 들려오는 쓸데없는 정보들로 인해 조급한 매매를 하게 되는 것이었습니다.

반면 미국주식은 이런 주변 소음 없이 온전히 제 기준을 갖고 투자하게 됐습니다. 주식 투자를 시작할 때만 해도 주변에 미국주식을 하는 사람이 많이 없었고, 미국주식의 정보 자체가 국내에서는 찾아보기 어려웠기 때문입니다. 물론 영어로 된 정보는 찾아보면 얼마든지 있었습니다. 그렇지만 영어라는 언어 장벽 덕분에 오히려 불필요한 정보들을 과감히 생략할 수 있었죠. 영어를 잘 못하다 보니 정보를 찾는데 시간이 오래 걸렸고, 시간을 아끼기 위해서라도 꼭 필요한 정보들만 선별해 읽었습니다.

결국 저는 국내주식보다 미국주식이 더 잘 맞는다는 판단을 내렸습니다. 스스로 더 차분하고 신중한 투자를 하게 되는 것을 느꼈기 때문입니다. 또한 무엇보다 미국주식 시장의 승승장구하는 분위기가 믿음직스러웠습니다. 당시 우리나라는 IMF 이후 최악의 실업률을 기록했을 정도로 경기가 침체되어 있었지만, 미국은 반세기만의 최저 수준의 실업률을 기록할 정도로 경기가 좋았습니다.

미국은 2011년부터 7년 동안 실업률이 빠른 속도로 낮아지고 있었습니다. 기업들이 돈을 잘 버니 고용도 덩달아 늘어나는 상황이었습니다. 즉, 2011년에 9%에 육박하던 미국의 실업률은 2018년에 3%대로 낮아졌지만 우리나라는 그 반대였습니다. 2011년 이후로 실업률이 줄어들기는커녕 계속 높아지기만 할 뿐이었습니다. 결국 저는 미국이라는 나라의 잔칫집에 숟가락을 얹기로 했습니다. 들고 있던 국내 주식들을 모두 처분하고, 100% 미국주식 투자의 길로 입성하기로 했습니다.

2
미국주식, 너무 재미있고
마음이 편하다!

저를 속 썩였던 국내주식을 모두 털고 나니 후련함과 함께 즐거움이 찾아왔습니다. 본격적으로 주식을 시작하는 기분이었죠. 온전히 제가 좋아하고 공감 가는 미국주식에만 투자를 하니 투자가 너무 재미있게 느껴졌습니다.

국내주식을 할 때는 주로 자동차, 기계, 화학처럼 제가 잘 모르는 분야를 공부해야 했습니다. 아무래도 우리나라가 제조업 국가다 보니 유망한 기업들, 즉 만족할만한 수익률을 가져다줄 수 있는 기업들이 그쪽으로 몰려 있었던 것입니다. 전형적인 문과생이었던 저는 사실 공부를 해도 잘 이해를 하지 못했습니다. 그래서 주변의 소식에 더 흔들렸던 것 같습니다.

투자에 재미를 붙이는 미국주식 ⎯⎯

미국에는 제가 굳이 시간 내어 공부하지 않아도 잘 아는 기업들이 많았습니다. 애플AAPL, 스타벅스SBUX, 넷플릭스NFLX 등 매일 가고 매일 보는 기업들인 만큼 일상 속에서도 투자 아이디어를 얻을 수 있었습니다. 예를 들어 애플의 신형 아이폰, 스타벅스의 새로운 메뉴, 넷플릭스 신작 출시 등 중요한 이벤트가 있을 때마다 바로 옆의 친구나 회사 동료의 반응을 보며 다음 실적을 예상해볼 수 있었습니다. 너도 나도 아이폰 신형으로 교체하는 것을 본다면 '이번에 애플 실적 잘 나오겠구나'라는 어느 정도의 결론을 도출할 수 있었죠.

이런 정보는 생생한 현장에서의 정보였고, 어쩌면 그 어떤 전문가의 정보보다 믿음직한 정보였습니다. 실적으로 집계되는 것보다 빠른 정보라고도 볼 수 있었습니다. 이렇게 미국에는 개인 투자자들이 정보를 얻기에 유리한 글로벌 1등 소비재 기업들이 많습니다. 그러니 따로 공부할 시간을 많이 내지 않아도 투자를 하는 것이 부담스럽지 않았습니다.

게다가 국내주식은 특별히 투자하고 싶은 곳이 없어 고민이었다면 미국주식은 투자하고 싶은 곳이 너무 많아 고민이었습니다. 이 많은 관심 종목들 중에 어디에 투자할지, 우선순위를 정하는 게 쉽지는 않았지만 또 즐겁기도 했습니다.

개인적으로 기존에 없던 혁신 산업에 관심이 투자하는 걸 좋아했는데, 미국에는 차량 공유 서비스 기업 우버, 대체 육류 기업 비욘드미트, 전기차 충전소 기업 블링크차징 등 우리나라에서는 보기 어려운 혁신 기업들이 많았습니다. 이런 기업들을 발굴하는 것만으로도 흥미롭고, 한편으로는 트렌드 공부까지 되니 일석이조라고 할 수 있었습니다. 재미를 느끼니 더 공부를 하게 되고, 공부를 더 많이 하니 수익률도 좋아지는 선순환 효과가 이어졌습니다.

누가 봐도 매력적인 미국주식

주식 투자는 기업의 지분을 소유하는 일입니다. 그리고 투자자는 매력적인 기업의 주식을 구매합니다. 구미가 당길 만한 매력 포인트가 없는 기업의 지분을 갖고 싶을까요? 뭐가 장점이고 뭐가 단점인지도 모를 기업의 지분이라면 더욱 살 이유가 없습니다. 그런 측면에서 저에게는 매력적인 기업이 많은 미국주식이 국내주식보다 훨씬 더 좋게 느껴졌습니다.

물론 미국주식으로 항상 돈을 버는 것은 아니었습니다. 사자마자 주가가 떨어지는 주식도 얼마든지 있었습니다. 그런데 미국주식은 주가가 하락한 뒤 회복도 빨랐습니다. 대표적인 예로 2020년 3월, 코로나로 인해 전 세계 증시에 큰 하락이 찾아왔을 때입니다. 당시 미국 1등 주식인 애플이 이전 고점으로 회복하기까지 약 4개월 걸린 반면, 국내 1등 주식인 삼성전자가 이전 고점으로 회복하기까지 약 10개월이 걸렸습니다. 약 2배 이상의 차이를 보인 것입니다. 다음 그림과 같이 애플은 2020년 2월 고점을 찍고 하락, 그로부터 4개월 뒤인 2020년 6월에 다시 신고가를 돌파했습니다. 반면 삼성전자는 2020년 1월 고점을 찍고 하락, 그로부터 10개월 뒤인 2020년 11월 신고가를 돌파했습니다.

아무래도 미국 증시는 전 세계 투자자들이 몰리는 시장이다 보니 주가가 조금만 싸져도 금세 회복하는 듯 보였습니다. 이는 전 세계 증시의 절반을 차지하는 미국 증시에 투자함으로써 얻을 수 있는 하나의 프리미엄입니다. 즉, 미국주식에서 투자하면서 가졌던 '곧 회복하겠지'라는 믿음은

보다 심리적으로 안정된 투자를 할 수 있도록 도와줍니다.

　정리하자면, 국내주식은 공부도 많이 해야하고 심리적으로도 불안한 반면, 미국주식은 좀 더 안정적이고 또 재미도 있었습니다. 국내주식과 미국주식은 각각 장단점이 있지만, 저는 자신 있게 미국주식은 누가 봐도 매력적인 시장이라고 자신할 수 있습니다. 특히 초보 투자자에게 안정적으로 투자할 수 있다는 것만큼 큰 장점은 없습니다. 꾸준히 성장하는 미국주식 시장 속에서는, 천천히 수익률을 올리며 누구나 투자 실력을 키워나갈 수 있습니다.

[애플과 삼성전자 주식의 전고점 회복 기간 차이(2019~2020) 출처: Yahoo Finance]

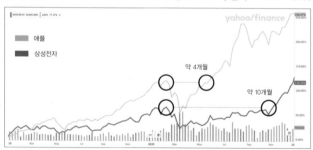

3
소나기를 막아주는
달러라는 우산

$

2020년 3월 코로나 바이러스 충격으로 전 세계 증시에 비가 쏟아진 날, 제 계좌 역시 빨갛게 물들어버렸습니다. 마이너스 수익률로 가득한 주식 잔고를 보는 것이 괴로워 차라리 앱을 며칠 동안 삭제해 둘까 진심으로 고민할 정도였으니까요. 어라? 그렇지만 원화로 환산된 총자산을 확인하니 생각보다 타격이 크지 않았습니다. 자산이 한 30%까지는 줄었을 것이라 생각하고, 눈을 질끈 감고 확인하니 막상 그 절반 수준인 약 17%가 줄어들었던 것입니다. 분명 개별 주식들은 평균 30% 하락했는데 왜 그런 것이었을까요?

바로 달러 때문이었습니다. 주가는 하락했지만 달러 가치가 올라주면서 주가 하락의 충격을 완화해준 것이었습니다. 달러는 그야말로 사고 나면 터지는 자동차의 에어백 같은 역할을 해주었습니다. 2017년 미국주식을 시작한 이래로 저는 달러를 1,050~1,150원 사이에서 사 모았습니다. 그리고 2020년 3월 달러 가격은 1,300원이었으니, 저도 모르게 달러 투자로 10% 이상 번 셈이었습니다. 그러니 주가는 30%나 하락하는 사고가 일어나도, 달러의 가치가 이를 완화해줘 총자산은 약 17% 밖에 하락하지 않은 것이었습니다.

들고 있기만 해도 안전한 달러

정말 당연한 말이지만, 미국주식은 달러로 투자해야 합니다. 처음에는 미국주식 투자를 위해 원화를 달러로 환전하는 것이 단점으로 느껴졌습니다. 환전하는 것이 번거롭기도 하고 증권사에 내야 하는 수수료도 아까웠기 때문입니다. 간혹 낮에 너무 바빠 환전을 하지 못하기라도 하면 시장이 열리는 밤에 달러가 없어 주식을 사지 못하는 불상사가 생기기도 했습니다. 다행히도 요즘에는 증권사에서 원화만 있어도 미국주식을 살 수 있도록 지원해주고 있습니다. 그런데 막상 방금과 같은 위기를 겪고 나니 달러 투자가 장점으로 더 다가왔습니다. 안전 자산인 달러를 들고 있는 것만으로도 주식 투자의 더 안전해진다는 것을 체감했기 때문입니다.

물론 그 반대의 경우도 있습니다. 한번은 분명 주식 수익률이 좋은데 원화로 환산한 총자산이 그대로라 의아했던 적이 있었습니다. 바로 2018년 초였는데, 우리나라의 정권이 바뀌면서 통일에 대한 기대감이 커지며 원화의 가치가 높아졌습니다. 외국인들이 들고 있던 달러를 팔고 국내주식을 사기 위해 원화를 사들이기 시작한 것이었습니다. 이로 인해 달러 가격이 1,050원까지 떨어졌습니다. 그 전에 제가 달러를 사 모았던 구간이 1,100~1,150원 사이였으니 달러 투자로만 7~8% 손해를 본 셈이었습니다.

손해는 아쉬웠지만, 어차피 당장 미국주식을 팔아 원화로 환전할 것은 아니었습니다. 그래서 저는 오히려 그 시기를 달러를 싸게 사는 기회로 활용할 수 있었습니다. 뉴스에서는 달러가 900원까지 갈 수 있다며 공포감을 조성하기도 했지만 달러가 1,050원까지 내려온 것만으로도 흔한 일은 아니기 때문에 당시 월급이 들어오는 족족 모두 달러로 환전

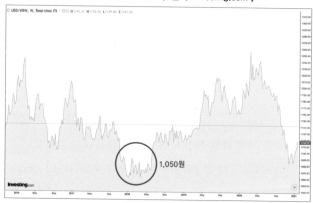

[원달러 환율(2016~2020). 출처: Investing.com]

했습니다. 실제로 달러는 1,050원 저점을 찍고 다시 반등했습니다. 그 때 이후 5년이 지난 지금까지도 달러 가격 1,050원이라는 바겐 세일 구간은 오지 않고 있습니다.

이처럼 달러는 그 자체로도 좋은 투자처입니다. 물론 달러를 포함한 외환 투자는 주식 투자보다 더 어렵다는 말이 있습니다. 웬만한 경제 전문가들도 맞추기 어려워하는 것이 환율의 방향이기 때문입니다. 다만 다행인 것은 2008년 금융 위기, 2020년 코로나 위기 등과 같이 세계적인 경제 위기가 있지 않는 이상 환율이 일정 범위를 크게 벗어나지 않는다는 것입니다. 그러니 달러가 저렴해질 때마다 사 놓으면 시장이 위기일 때 충격을 완화해줄 뿐만 아니라, 투자 수익률을 높이는 기회로도 활용할 수 있습니다. 달러는 그 자체로도 미국주식 투자의 매력적인 이유 중 하나입니다.

미국주식과 국내주식, 둘 중 어디에 투자할까 고민되는 것은 당연한 일입니다. 저도 처음에 계속 고민하다 끝내 답을 내리지 못하고 둘 다 해보기로 결정했으니 말입니다. 중요한 것은 제게 맞는 시장이 어디인가 스스로 경험해보고 판단해보는 것입니다. 내게 가장 중요한 것은 심리적 안정감이다. 여유 없는 투자의 결과는 꼭 저조한 성적으로 이어지곤 했기 때문입니다. 그런 의미에서 불필요한 소음도 적고, 세계에서 가장 돈 잘 버는 기업들이 모여 있고, 혹시나 단기적으로 주가가 떨어져도 다시 회복될 거라는 믿음이 있어 마음 편한 미국주식 시장은 저와 비슷한 성향을 가진 투자자들에게 꼭 해보라고 이야기해주고 싶은 곳입니다.

3장 내가 종목 고르는 방법 4가지

1
이거 어디 거지?
호기심 찾기

..ııı$ıllı

   친구가 멋진 옷을 입고 왔을 때 '어디 제품이지?'하며 궁금했던 경험은 누구나 한번쯤 있을 것입니다. 저 역시도 너무 궁금한 나머지 옷 뒤쪽 라벨을 슬쩍 훔쳐본 적도 있습니다. 기억해 뒀다가 집에 가서 검색해보곤 했죠.

   주식을 발굴할 때도 마찬가지입니다. 평범한 일상 속에서 '어, 좋은데?'라는 생각이 들게 하는 물건이 있다면 '이거 어디 거지?' 호기심을 가져보는 것입니다. 이렇게 발견한 기업의 주식은 좋은 주식일 확률이 높습니다. 최소한 자신의 마음에 쏙 드는 물건을 만드는 기업이라면 투자할 만한 가치가 있지 않을까요?

당장 주변부터 둘러보자 ＿＿＿

투자할 종목을 찾는 일은 거창할 필요도 없습니다. 지금 당장 주변만 둘러봐도 최소 하나 이상의 기업들을 찾을 수 있습니다. 예를 들어 집에서 일을 하고 있다고 해보죠. 제 경우, 보통 책상 위에 작업용 전자기기들과 음료수, 립밤, 그리고 포스트잇이 놓여 있습니다. 이 물건들을 보고 이렇게 생각해볼 수 있습니다.

1) 맥북, 아이패드, 아이폰, 에어팟

▶ 어쩌다 보니 다 애플 제품이네?

▶ 가격 다 합치면 최소 500만 원인데, 내가 이렇게 큰 돈을 쓰게 만들다니!

2) 탄산수

▶ 맛있어서 한 박스 샀는데, 어디 거지?

(페트병을 들어 뒷면 라벨지를 확인한다)

▶ 아니, 이게 코카콜라 꺼였다니! (코카콜라면 콜라만 만드

는 거 아니었어?)

3) 립밤

▶ 에스티로더 립밤이 답답하지도 않고 너무 좋아.

▶ 에스티로더가 브랜드 이름인 줄 알았는데 회사 이름
이네!

4) 포스트잇

▶ 이 포스트잇 잘 안 떨어지고 너무 좋아. 어디 거지?
(포장지를 확인한다)

▶ 3M이라는 회사에서 만드는구나!

책상 위에 있는 물건들이 각각 어느 기업에서 만든 것인
지 질문을 던진 것만으로도 벌써 4개의 기업들을 발굴했습
니다. 정보를 파악하기 어렵거나 생소한 기업은 하나도 없
었습니다. 오히려 주변 누구에게 말해도 알만한 글로벌 1등
기업들뿐입니다. 첨단전자제품 기업 애플, 음료 기업 코카
콜라, 화장품 기업 에스티로더, 산업용품 기업 3M 등, 어떻
게 보면 너무 자주 봐서 우리 옆에 있는 것이 당연하게 여겨
졌던 기업들이죠.

이제 우리는 이 기업들을 투자자 관점으로 바라보기 시

작하기만 하면 됩니다. 굳이 다른 사람에게 물어보지 않아도 좋은 기업을 찾아낼 수 있는 쉽고 의외로 확실한 방법이 있습니다.

바로 이러한 관찰을 기록하고 정리해보는 것입니다. 어떤 것을 관찰해 어떤 생각을 했으며, 그래서 발굴한 기업이 어떤 기업인지 하나의 표로 정리해두는 것입니다. 정리한 표에 자신만의 이름을 붙여봐도 좋습니다. 저는 '나의 책상 포트폴리오'란 이름을 붙였습니다. 책상 앞에 앉을 때마다 어김없이 만나는 기업들이기 때문입니다.

[나의 책상 포트폴리오]

관찰 내용	생각	회사명(종목코드)
전자기기	어쩌다 보니 다 한 회사 것이네?	애플(AAPL)
음료수	이 음료수 만드는 회사가 어디지?	코카콜라(KO)
립밤	내가 좋아하는 립밤, 어디 거지?	에스티로더(EL)
포스트잇	기능이 좋은 포스트잇, 어디 거지?	3M(MMM)

이 방법에 재미를 느낀 저는 다양한 관심사별로 포트폴리오를 다 만들어봤습니다. 작지만 직접 쇼핑몰을 운영하기 때문에 만든 쇼핑몰 포트폴리오, 해외 여행 다니는 것을 좋아했기 때문에 만든 여행 포트폴리오, 스마트폰을 붙들고 살기 때문에 만든 스마트폰 포트폴리오! 즉 일할 때, 취미

생활할 때, 스마트폰 만질 때 등 깨어 있는 동안에 '이거 어디 거지?' 질문을 계속 던져보는 것입니다.

[다양한 포트폴리오를 만들어 투자할 기업을 찾아봅시다]

쇼핑몰 포트폴리오

쇼피파이 (쇼핑몰 관리 툴)
핀터레스트 (디자인 영감 받기)
페이스북 (SNS 마케팅)
비자 (카드 결제)
페이팔 (해외 결제)

쇼핑몰 운영하면서
만나는 기업들

여행 포트폴리오

대한항공 (단골 항공사)
보잉 (항공기 제조사)
에어비앤비
(숙소 예약 플랫폼)
디즈니 (꼭 가는 필수 코스)
우버 (툭하면 타는 우버)

1년에 2번!
여행 가면 만나는 기업들

스마트폰 포트폴리오

애플 (스마트폰 기기)
구글 (유튜브 영상 보기)
페이스북 (SNS 염탐)

스마트폰이 너무 좋아!
내 시간을 뺏는 기업들

기업의 별명, 티커(종목코드)

포트폴리오를 만들면서 찾은 기업들에 투자하려면 어떻게 해야 할까요? 우선 이 기업들이 미국주식시장에서 갖게 되는 이름인 '티커'를 찾아야 합니다. 티커란 효율적으로 검색하기 위해 기업들의 이름을 축약한 것입니다. 예를 들어 미국 항공사 아메리칸 에어라인(American Airlines)은 AAL, 넷플릭스(Netflix)는 NFLX, 스타벅스(Starbucks)는 SBUX라는 티커를 갖고 있습니다. 대부분 기업 이름에 들어있는 몇

개 알파벳을 조합해서 티커로 만들기 때문에 유추하기는 쉽습니다. 처음에는 생소하고 어렵게 보일 수 있지만 몇 번 반복해 쓰다 보면 금세 익숙해집니다. 나중에는 기업명이 아니라 티커가 먼저 생각나는 순간이 오기도 합니다. 살 것이 있어 아마존 사이트 들어가려고 했는데 나도 모르게 AMZN을 검색하게 되는 것처럼 말이죠.

투자가 익숙해지면 머릿속에 티커가 자연스레 나오지만, 초기에는 직접 검색해 찾아야 합니다. 기업명만 알고 있다면 어렵지 않습니다. 구글 검색창에 '기업명 + stock'을 검

[아마존 검색 결과 (우측 상단 티커 AMZN) 출처: 구글]

색하면 됩니다. 검색 결과 상단에 종목 정보가 나오는데, 우측에서 증권거래소와 등록 티커를 발견할 수 있습니다. 아마존을 검색하는 경우, 우측 상단 정보를 통해 '아마존은 나스닥(NASDAQ)에 상장되어 있고, AMZN이라는 티커를 가졌구나'라는 것을 쉽게 알 수 있죠.

다른 사람들에게는 없는 신뢰 ───

이렇게 직접 써보고 좋다고 느낀 발굴한 기업들의 공통점은 다른 사람들에게는 없는 기업에 대한 신뢰가 생긴다는 것입니다. 주식 투자를 하다 보면 기업에 대한 신뢰가 얼마나 수익률에 큰 영향을 미치는지 알게 됩니다. 아무리 좋은 주식이어도 신뢰가 없으면 오래 들고 있을 수가 없기 때문입니다. 누군가의 추천으로 샀다가, 갑자기 주가가 -10%나 빠진다면, 대부분 그 주식을 추천해준 사람을 원망하게 됩니다. 그리고 -10% 손해를 보고서라도 그 주식을 바로 팔아버립니다. 손해를 더 보기 전에 말이죠. 그렇지만 며칠 뒤 그 주식이 다시 떨어지기 전 가격으로 금세 회복하는 것을 보며 스스로 자책하게 됩니다. '조금만 더 기다려볼 걸……' 하며 떠나가는 뒷모습을 슬프게 바라볼 뿐입니다.

그렇지만 본인이 신뢰할 수 있는 기업은 어떨까요? '이렇게 좋은 기업을 사람들이 몰라보다니!'하며 신이 나게 됩니다. 금방 주가를 회복할 것을 알고 있기 때문에 조금 더 싸게 살 기회가 생긴 것이기도 합니다.

예를 들어 2019년 어느 날 저는 쇼핑몰을 작게 운영하면서 쇼피파이Shopify, SHOP라는 기업을 알게 됐습니다. 쇼피파이는 마치 블로그처럼 누구나 쉽게 나만의 쇼핑몰을 만들 수 있도록 하는 툴을 제공해 주는 기업입니다. 처음에 이 기업을 알고 주식도 샀을 때 남편에게도 추천한 적이 있습니다. 전자상거래 대표주자인 아마존의 대항마가 등장했다며 강력하게 추천했죠.

그렇지만 남편의 반응은 그다지 좋지 않았습니다. 쇼피파이의 비즈니스가 잘 이해가 되지 않는다며 갸우뚱할 뿐이었죠. 이 기업이 왜 쇼핑몰 사업자들에게 중요한지 그림을 그려가면서 설명을 했음에도 크게 와닿지 않아 하는 느낌이었습니다. 물론 쇼피파이가 단순히 콜라를 파는 것처럼 간단한 비즈니스는 아니었지만, 그래도 우선 저를 따라 주식을 사긴 했습니다.

결국 남편은 처음에만 조금 투자하다가 금세 주식을 팔아 버렸습니다. 믿음이 잘 가지 않아 늘 불안하다는 것이 그

[쇼피파이 차트]

이유였습니다. 하지만 저는 그 믿음이 굳건했고, 이후에 쇼
피파이의 주가가 떨어질 때마다 추가 매수를 해 결과적으로
큰 수익을 얻을 수 있었습니다.

제가 쇼피파이 주식으로 돈을 잘 벌 수 있었던 비결은 하나였습니다. 바로 쇼핑몰 업계에 있다는 것이죠. 즉, 쇼피파이 툴을 직접 이용해보며 그 진가를 볼 수 있었기 때문에 이 기업이 빠른 속도로 성장할 것이라는 데 확신을 가질 수 있었던 것입니다.

이처럼 좋은 기업과 좋은 주식은 다른 개념입니다. 아무리 좋은 기업도 자기가 잘 모르는 기업이면 꼭 좋은 주식이라고 할 수 없습니다. 확신이 없으면 큰 돈을 벌어다 주지 못할 수 있기 때문입니다. 그렇기 때문에 주식을 찾는데 있어서는 다른 사람의 경험이 아닌 자신의 경험이 무엇보다 중요합니다. 그리고 이것이 제가 투자할 종목을 고르는 '제 그원칙'입니다.

평소 시간을 빼앗고, 돈을 빼앗는 서비스나 상품에 "이거 어디 거지?"라며 질문을 던져보는 것으로 시작해보세요. 스스로 찾아보고, 공부하며 좋은 기업이라고 판단이 든다면, 망설임 없이 주식 포트폴리오에 넣어보면 됩니다. 그러면 세상 어디에도 없는, 믿음직한 자신만의 포트폴리오가 만들어질 것입니다.

2
넘진벽 기업 찾기

..ooooll$olll

제품이 좋은 기업을 찾다 보면 고민이 생기길 마련입니다. 이 기업도 좋아 보이고, 저 기업도 좋아 보이니, 금방 100개가 넘는 기업들이 걸리기도 합니다. 그렇게 좋은 기업 발견할 때마다 1주씩 사다 보면 어느새 30~40개 주식이 계좌에 담겨 있는 웃지 못할 상황이 발생하죠. 저 역시도 그런 경험이 있었고, 어떤 주식을 들고 있는지도 모를 정도로 관리가 되지 않았다고 느꼈습니다. 이럴 때 필요한 것은 우선순위를 정하는 것입니다.

시장점유율이 곧 넘진벽 _____

투자를 시작하면서, 저는 안전한 투자를 1순위로 삼았습니다. 조금 덜 벌더라도 잃는 투자는 하고 싶지 않았기 때문입니다. 처음에는 무턱대고 좋아하는 브랜드라면 두려움 없이 바로 투자하곤 했습니다. 하지만 그러다가 이미 300만 원이 100만 원이 되는 끔찍한 경험이 제게 교훈을 준 것일지도 모르겠네요.

한번은 속옷 브랜드 '빅토리아 시크릿'을 가진 기업 L 브랜즈^{L brands, LB}에 투자한 적이 있습니다. 빅토리아 시크릿 속옷은 해외 여행을 갈 때마다 사 올 정도로 좋아하는 브랜드였기 때문에 투자까지 했지만 성과는 그리 좋지 않았습니다.

다음처럼 2018년 초 $60이던 L 브랜즈의 주가가 1년만에 $30가 됐고, 2019년 초 $30이던 주가는 1년만에 또다시 $15가 된 것입니다. 이 경험으로 저는, 단순히 좋아한다고 해서 투자해서는 안되겠다는 강력한 깨달음을 얻을 수 있었습니다.

[L 브랜즈 주가(2018~2020)]

그러면 도대체 어떤 기준을 갖고 종목을 걸러내야 하는 걸까요? 제 1원칙이 '잘 아는 기업'을 고르는 것이었다면 '제 2원칙'은 '넘진벽 기업인가?'를 보는 것입니다. 즉, 경쟁 사들이 쉽게 '넘어올 수 없는 탄탄한 진입장벽을 갖춘 기업' 인지 확인하는 것입니다.

빅토리아 시크릿의 경우, 안타깝게도 새로운 속옷 브랜드들에게 계속해서 자리를 빼앗기고 있는 상황이었습니다. 소비자들은 운동할 때도 입을 수 있는 편안한 속옷을 찾기 시작했는데 여전히 화려한 속옷에만 고집해, 결국 트렌드 변화에 제대로 대응하지 못했던 것입니다. 빅토리아 시크릿이 주춤하는 사이 경쟁사들이 무섭게 벽을 부수고 넘어왔고, 빅토리아 시크릿의 시장 점유율은 정점을 찍었던 2015년 이후, 2016년, 2017년, 2018년 계속해서 하락했습니다.

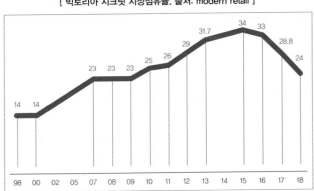

[빅토리아 시크릿 시장점유율. 출처: modern retail]

제가 이 시장점유율만 잘 확인했더라도 섣부르게 투자하여 뼈아픈 실수를 겪지는 않았을 거예요. 만약 시장점유율이 계속해서 낮아지는 기업은 넘진벽이 약한 유리벽일 확률이 높습니다. 조금만 힘을 줘도 금세 깨질 수 있는 아슬아슬한 상태인 것입니다. 반면 시장점유율을 계속 유지하거나 높여나가는 기업이 있다면 좋은 점수를 줘도 좋을 것입니다. 자신만의 독특한 차별성을 갖고 콘크리트처럼 단단한 넘진벽을 쌓고 있을 것이기 때문입니다.

시장점유율은 구글에 '기업명 + market share'를 검색하면 쉽게 찾아볼 수 있습니다. 그중 가장 최신 자료를 살펴보면 관심 있는 기업의 시장점유율이 어떤지 알 수 있습니다. 그렇다면 이 시장점유율을 빼앗기지 않게 하는 힘, 넘진벽을 구성하는 것에는 뭐가 있을까요? 저는 다음과 같이 네 가지 요소를 통해 넘진벽을 점검하곤 합니다.

넘진벽 요소❶ 든든한 빽, 정부 네트워크

대표적인 넘진벽 요소로는, 정부와 쌓은 네트워크가 있습니다. 예를 들어 정부가 기업의 제품을 구매해주는 주요 고객인 경우입니다. 이러한 기업은 방위 산업에서 어렵지 않게 찾을 수 있습니다. 전투기, 미사일, 레이더 등 첨단 무기를 만드는 산업을 한번 떠올려 보세요.

미국 1등 방산 기업 록히드마틴LMT 매출의 70%는 정부로부터 나옵니다. 민간인, 민간 기업이 무기를 살 일은 거의 없을 것이니 당연한 결과이기도 합니다. 중요한 점은 이런 방위 산업 기업들의 매출을 책임지는 정부가 기본적으로 보수적인 성향을 갖고 있다는 것입니다. 특히 국가 안전, 보안과 관련되어 있는 부분에 있어서는 협력 기업을 쉽게 바꾸지 않습니다. 즉, 일단 한번 네트워크만 구축해 놓으면 새로운 기업이 들어오기 어려운 꽤 튼튼한 장벽이 만들어진다는 것입니다.

에너지, 통신 분야 역시 대표적으로 정부 네트워크가 필요한 산업들입니다. 엑슨모빌XOM, 쉐브론CVX 등 정유 기업들은 각 나라 정부로부터 석유 채굴권을 확보해왔습니다. 미국 뿐 아니라 대표적인 산유국인 사우디아라비아, 이라크 등 중동 지역의 석유 채굴권까지 대량 확보한 덕분에, 이 기업들은 오랜 기간 에너지 시장을 독과점해왔습니다.

통신도 마찬가지입니다. 우리나라의 세 통신사(SKT, KT, LG Uplus)가 시장을 독과점하고 있는 것처럼 미국도 AT&TT, 버라이즌VZ, 티모바일TMUS, 이 세 통신사가 시장을 독과점하고 있습니다. 이들은 정부로부터 주파수를 사용할 수 있는 권리를 받습니다(물론 사용료는 냅니다). 이런 상황에서 신생 기업들이 대형 통신사들을 제치고 정부로부터 주파

수 사용권을 얻어내기란 결코 쉬운 일이 아닙니다. 자본력은 물론, 로비력이라는 두터운 장벽이 있기 때문입니다. 이것이 소수의 통신사들이 유무선 통신 시장을 장악해온 비결입니다.

이런 요소를 갖춘 기업을 찾기 위해선 '정부 사업에 선정' '정부로부터 사용권 획득' 등의 뉴스를 살펴보는 것이 좋습니다. 정부가 어떤 분야의 어떤 기업과 꾸준히 협력하고 있는지 한번 찾아보세요. 정부의 규제는 후발 주자들의 진입을 막는 장애물이기도 하지만, 일단 그 울타리 안에만 들어가면 비교적 평화롭게 사업을 영위해 나갈 수 있게 하는 보호막이 되어줍니다. 우리는 그 울타리 안에 있는 기업만 잘 선별해내면 됩니다.

[앙찌 Tip] 정부의 예산 살펴보기

정부가 어떤 기업과 손을 잡을지 미리 알고 싶다면 '정부 예산안'을 참고해도 좋습니다. 미국의 경우 매년 2월 초 다음 해 예산안을 미리 공개합니다. 즉, 2022년 예산안을 2021년 2월에 미리 엿볼 수 있는 것입니다. 물론 2월에 공개되는 것은 초안일 뿐 최종적으로 의회의 승인을 얻어야 하기에 섣불리 판단하기에는 조심스럽습니다. 다만 정부가 앞으로 이끌어나갈 정책의 방향에 대한 힌트를 얻을 수 있습니다. 예를 들어 국방 예산을 늘렸다면 '국방 기업들과 손잡을 일이 많겠구나' 판단할 수 있고, 환경 예산을 늘렸다면 '친환경 기업들에 대한 지원이 늘어나겠구나' 판단해볼 수 있습니다.

예산안 전문은 구글에 'white house discretionary budget(백악관 예산안)'을 검색하여 확인할 수 있습니다. 꽤 많은 분량이 나오지만, 전문을 다 읽지 않아도 괜찮습니다. 뉴스 및 기관에서 친절하게 요약하여 설명해 주기 때문입니다. 우리나라 언론들도 핵심을 요약해 주고, 코트라 같은 기관에서도 핵심을 잘 정리해 줍니다. 우리가 할 일은 예산을 대폭 늘리는 분야를 찾고, 해당 분야에서 정부와 손을 잡을 만한 기업에 주목해보는 것입니다.

넘진벽 요소❷ 기술 카피 방지, 특허 ⎯

기술은 계속해서 발전합니다. 10년 전만 해도 사람들이 전부 폴더 폰을 들고 다녔던 걸 생각하면, 지금 이렇게 모두가 스마트폰을 쓰고 있다는 게 신기하기만 합니다. 그리고 앞으로의 기술 발전 속도는 지난 10년간 우리가 느낀 것보다 더 빠르게 진행될 것이라고 모두가 예상하고 있습니다. 그 과정에서 수많은 신기술들이 개발되고 아마존, 애플, 구글 같은 신생 기업들이 생겨날 것입니다.

투자자의 입장에서는 어떻게 해야 할까요? 신기술을 빠르게 내놓는 기업들을 찾아 투자하면 되지 않을까 싶지만 실상은 그리 간단하지 않습니다. 기술적 측면에서도 진입장벽이 높고 낮음이 분명히 있기 때문입니다. 아무리 혁신적인 기술이라도 진입장벽이 낮다면 금방 경쟁사에게 따라잡혀, 반짝 떠올랐던 기업들이 금방 저버리고 마는 경우도 비일비재합니다.

한때 파일 공유 서비스가 각광받으면서, 드롭박스DBX가 실리콘밸리 최고 유망 스타트업으로 많은 관심을 받은 적이 있습니다. 파일이 PC가 아닌 클라우드 서버에 저장된다는 것은 당시 그야말로 혁신이었습니다. 파일을 매번 USB에 옮겨 두거나 메일로 주고받을 필요가 없이, 인터넷만 되면 언제 어디서든 파일을 열어볼 수 있게 해주었기 때문이죠. 집에 USB를 두고 나와서, 혹은 메일로 보내놓지 않아서 낭패볼 일이 없게 되는 것이었습니다. 드롭박스는 사람들 사이에서 빠르게 퍼져나갔고, 한창 잘나갈 때는 애플의 인수 제안도 거절할 정도였다고 합니다. 그렇게 드롭박스는 기대

[드롭박스 주가 차트(2018~2021)]

를 한 몸에 받으며 2018년 처음 뉴욕 증시에 상장했습니다.

그렇지만 기쁨도 잠시, 상장한 지 3개월 만에 드롭박스의 주가는 계속 떨어지기 시작했습니다. 마이크로소프트, 구글 등 IT 기업들이 너 나 할 것 없이 비슷한 서비스를 내놓기 시작했기 때문입니다. 드롭박스가 편리한 사용성으로 소비자들의 마음을 끌기는 했으나, 아쉽게도 기술 자체는 클라우드 기술을 가진 기업이라면 쉽게 흉내 낼 수 있는 것이었습니다.

제품 자체의 차별성이 아닌 영업, 마케팅에 기대야 하는 서비스는 언젠가는 따라잡힐 수밖에 없습니다. 클라우드 시장은 날이 갈수록 커졌지만 드롭박스는 계속해서 점유율을 빼앗겼고, 결국 2018년 상장 당시만 해도 시장의 50% 이상 차지하고 있던 드롭박스 점유율은 2020년 20%까지 내려오게 되었습니다.

그렇다면 기술 진입장벽이 있는지 없는지 어떻게 알 수 있을까요? 직접 다 공부해서 확인하자니, 기술이라는 것이 하루 이틀 공부한다고 해서 알 수 있는 것도 아닌데 말이에요. 이럴 때 참고하면 좋은 것은 바로 '특허'입니다. 기업들은 혁신적인 기술을 개발하면 다른 기업이 똑같이 따라하는 것을 방지하기 위해 특허를 등록합니다. 하지만 단순히 특허를 갖고 있다고해서 좋은 것은 아닙니다. 얼마나 핵심적인 기술에 대한 특허를 갖고 있느냐가 중요합니다.

특허의 중요성을 알기 위해선, 특허 덕분에 시장 점유율을 지킨 사례를 살펴보는 것이 좋겠죠. 미국 전자상거래 기업인 아마존AMZN은 1999년 '원클릭 서비스'에 대한 특허를 등록했습니다. 원클릭 서비스는 주문자의 결제, 배송 정보를 미리 등록해 놓으면 주문할 때마다 매번 새로 입력할 필요 없이 '주문하기' 버튼만 누르면 자동으로 주문이 완료되는 기술이 담긴 서비스입니다.

지금이야 이것은 흔한 것이지만 당시만 해도 이런 서비스를 구현하는 곳은 없었습니다. 그래서 당시 미국 최대 서점 중 하나인 반스앤노블이 이 모델을 카피하여 투클릭 서비스를 도입하자, 아마존이 특허 소송을 냈습니다.

결과는 아마존의 승리로, 반스앤노블은 결제 단계에서 더 많은 프로세스를 추가해야만 했습니다. 쉽게 말해 아마존에 비해 반스앤노블을 포함한 다른 곳들은 '5-클릭' '6-클릭'을 택해야 했던 것입니다. 덕분에 아마존은 세상에서 제일 편리한 인터넷 서점으로서 경쟁력을 계속 유지할 수 있었습니다. 만약 특허가 없었다면 아마존 기술을 모방한 경쟁 인터넷 서점들에게 점유율을 빼앗길 수 있었을 겁니다.

유망한 사업으로 보이지만 기술적으로 따라하기 쉬울 것 같은 의심이 든다면, 특허 등록 여부를 확인해봅시다. 핵심 기술에 대한 특허라면 '기업명 + 특허' 키워드 검색만으로 쉽게 찾아볼 수 있습니다.

예를 들어 홈 피트니스 기업 펠로톤PTON이 한창 떠오를 때 저는 '헬스 자전거에 영상 하나 추가한 게 그렇게 새로운가?' 의구심을 가진 적이 있습니다. 집에서도 실시간 사이클링 수업을 들을 수 있다니! 당장 써보고 싶을 만큼 좋은 서비스였지만 투자하기에는 기술적 진입 장벽이 낮아 보였습니다. 그래서 곧바로 구글에 '펠로톤 특허'를 검색했고 펠로톤이 해당 기술에 대한 특허를 보유하고 있다는 사실을 알게 되었습니다.

아니나 다를까 펠로톤과 비슷한 서비스를 출시한 경쟁사가 특허 소송에서 패소해 판매를 종료할 수밖에 없었다는 뉴스도 발견할 수 있었습니다. 심지어 소송에서 승리한 펠로톤은 경쟁사 자전거를 공짜로 펠로톤 자전거로 교환해주었고, 교환 받은 고객은 이후 펠로톤 컨텐츠를 계속 구독하게 되었습니다. 특허라는 장벽 덕분에 펠로톤은 경쟁사의 시장 진입을 막을 수 있었고, 이는 펠로톤의 시장점유율을 꾸준히 늘려주었습니다.

미국은 세계에서 가장 활발하게 특허가 등록되는 나라입니다. 이를 두고 특허 남발이라고 안좋은 시선을 보내는 사람도 있지만, 특허 제도는 본래 누군가 피땀 흘려 내놓은 아이디어를 아무런 리스크도 감수하지 않고 손쉽게 카피하는 것을 막기 위한 시스템입니다. 그래야만 계속해서 더 나은 아이디어가 안전하게 세상에 나올 수 있습니다. 미래를 이

끄는 혁신 기업들이 계속 미국에서 탄생하는 게 이런 선진화된 아이디어 보호 시스템 덕분이 아닐까 하는 생각이 듭니다.

투자자 관점에서도 마찬가지입니다. 많은 사전 조사를 거쳐 기술적으로 우수한 스타트업을 초기에 발굴해 투자했어도, 다른 기업들이 해당 기술을 똑같이 카피해 세상에 내놓는다면 어떨까요? 그 스타트업의 성장 가능성을 정확하게 보고 투자를 했지만 큰 수익을 얻을 수 없을 것입니다. 경쟁사들에 의해 시장점유율을 계속 빼앗기며 성장에 한계가 올 것이기 때문입니다. 이런 일이 반복된다면 투자자들이 믿고 투자하기는 어렵겠죠. 결국 이런 특허 제도는 기업 뿐만 아니라 우리 투자자들에게 있어서도 안전장치인 것입니다.

넘진벽 요소❸ 밀어붙이는 힘, 자본

기업이 가진 돈, 자본이 가진 힘에 대한 이야기를 해보려 합니다. 흔히 사업을 시작한다고 하면 "초기에 돈이 많이 안 드는 사업을 하라"는 말을 하곤 합니다. 우리나라 평균 창업 비용이 약 1억 원인데, 혹시나 망했을 때의 부담감이 너무 크기 때문일 것입니다. 그래서인지, 직장인의 반은 유튜버를 꿈꾸고 있다고 합니다. 돈 한푼 들이지 않고 바로 시작해볼 수 있기 때문이죠. 그만큼 경쟁이 치열합니다. 자본이 필요 없어도 신생 유튜버들이 금방 나타나고 사라지는 것이 반복되는 시장입니다.

그런데 유튜브를 시작하는데 최소 1억 원의 돈이 필요하다면 어떨까요? 유튜브를 시작하는 사람들의 숫자가 급격히 줄어들 것입니다. 그러면 기존 유튜버들은 신생 유튜버들에게 자리를 빼앗길 걱정 없이 비교적 평화롭게 채널을 운영할 수 있게 됩니다. 돈이 있는 몇몇 개인, 기업만이 새로운 유튜버로서 데뷔할 수 있을 것이기 때문입니다. 즉 사업 초기에 드는 돈은 하나의 진입장벽이 됩니다. 커다란 리스크를 감수할만한 일부 자본력 갖춘 기업들만이 살아남는 시장으로 변하지 않을까요?

아마존은 자본력의 중요성을 보여주는 대표적인 사례입니다. 원래 미국 전자상거래 선두주자는 옥션, 이베이였습니다. 그런데 아마존은 전자상거래 기업으로서는 과감하게 막대한 자본을 투자해 물류 혁신을 이루어냈고 이것이 전자상거래 사업의 판도를 바꾸었습니다.

미국은 우리나라와 다르게 땅이 어마어마하게 커서 택배가 오는 데 평균 일주일 이상 걸리곤 했습니다. 만약 택배를

2~3일 내로 빨리 받고 싶다면 비싼 특급 배송 서비스로 시켜야 했죠. 그래서 아마존은 도시마다 자체 물류 창고를 세워서 2~3일 내 배송이 가능하도록 만들었습니다. 물건을 미리 자체 물류 창고에 비축을 해두고 주문이 들어오는 즉시 배송 준비를 하는 방식을 도입했습니다.

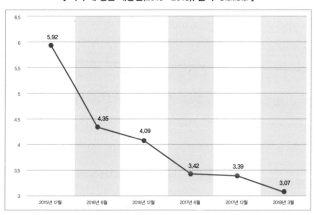

[미국 내 평균 배송일(2015~2018), 출처: Statista]

아마 기존 전자상거래 강자였던 이베이, 옥션이라고 그 장점을 몰랐던 것은 아닙니다. 소비자들이 빠른 배송을 원한다는 것을 누구보다 잘 알고 있었을 것입니다. 하지만 그렇게 섣부르게 투자했다가는 적자로 인해 회사가 파산할 수도 있는 위험도 있었습니다. 결국 비용의 문제 앞에서 다른 이들이 고민하는 사이, 아마존은 대규모 투자를 과감하게 진행했습니다.

아마존은 막대한 자본으로 도시별로 물류센터를 세우기 시작했습니다. 2020년에는 페덱스, UPS 같은 기존 물류 기업들의 자리까지 위협할 정도로, 미국 전역에 대형 물류센터를 185개나 설치했습니다. 아마존이 이 같은 투자를 할 수 있었던 것은 AWS라고 불리는 아마존웹서비스 덕분입니다.

아마존웹서비스는 아마존의 클라우드 사업으로, 마이크로소프트, 구글을 제치고 클라우드 업계 1등 자리를 차지하고 있습니다. 2021년 현재 아마존 영업이익의 50%를 차지하고 있을 정도로 든든한 캐쉬카우 역할을 해주고 있는 사업이기도 합니다. 즉, 아마존웹서비스 사업으로 번 돈을 온전히 전자상거래 사업에 투입하면서, 때로는 전자상거래 사업의 적자도 메꾸어 주면서 다른 경쟁사들과 격차를 벌릴 수 있었던 것입니다.

자본력은 규모의 경제를 보여주기도 합니다. 규모의 경제란 생산량이 늘어날수록 수익성이 좋아지는 걸 의미하는데, 물건을 10개 만들 때 보다 물건을 100개 만들 때 생산 단가가 낮아지는 것을 생각하시면 됩니다. 아마존도 역시 규모의 경제를 통해 그 경쟁력을 높여나갔습니다. 인프라를 갖춘 아마존의 시장점유율은 점점 높아져, 금방 물량을 5배, 10배 더 많이 처리하게 되었습니다. 그만큼 1건 처리할 때마다 드는 비용이 절감되었고, 이익이 늘어났습니다. 자연스럽게 아마존은 판매자와 구매자에게 더 좋은 혜택을 제공했고, 그 혜택에 매력을 느낀 판매자와 구매자가 더 많이 유입되면서 경쟁자들과 격차는 더욱 커졌습니다. 그리고 그럴수록 아마존보다 경쟁력 있는 조건을 갖추기 점점 더 어려워져 지금과 같은 넘진벽을 갖추게 되었습니다.

아마존의 성장은 아직 끝난 것이 아닙니다. 최근 전자상거래 시장에서는 국경도 사라지는 중입니다. 우리나라만 해도 아마존에서 바로 사는 해외직구족들이 늘어났습니다. 비싼 해외 배송비와 긴 배송기간을 감수하고서라도 제품군도 다양하고 가격도 저렴한 아마존을 이용하는 것입니다. 만약 아마존이 막대한 자본력을 바탕으로 아시아, 유럽 지역까지 진출한다면 현지 전자상거래 기업들이 자리를 빼앗길지도 모릅니다. 지금은 미국 내에만 있는 대규모 물류센터가 나

중에 아시아, 유럽 곳곳에도 세워지는 일이 불가능한 것은 아닐 것입니다.

자본력으로 무장한 기업들을 찾기 위해선 어떻게 해야 할까요? 초기에 많은 자본이 필요한 산업군을 보는 것도 좋은 방법입니다. 대규모 생산 시설이 필요한 자동차 산업이나 고가의 최첨단 장비가 필요한 반도체 산업은 어떨까요? 이들에게는 높은 기술력도 중요하지만 낮은 단가 확보 역시 핵심 경쟁력입니다. 테슬라의 전기차가 본격 주목을 받게 된 건 차 가격이 낮아지면서부터입니다. 자본을 투입해 대규모 생산 시설을 갖추면서 기존 내연기관차들 수준으로 전기차의 가격을 낮추게 된 것입니다. 삼성전자도 마찬가지입니다. 삼성전자가 세계 최고의 반도체 기업이 될 수 있었던 것은 우수한 품질도 있지만, 경쟁사 대비 가장 낮은 가격에 제품을 공급할 수 있었기 때문입니다.

대규모의 자본을 투입하여 규모의 경제를 일으킨 기업들, 이들은 자본력이라는 두터운 진입장벽을 치고 후발주자들의 위협을 막아내고 있습니다. '단돈 10만 원으로 시작해볼 수 있는 사업' 듣기에는 좋아 보이지만 우리가 투자할 만한 기업으로는 적합하지 않습니다. 우리는 '웬만한 자본금으로는 어림없는 사업'을 성공적으로 해낸 기업들에 투자하여 그 이익의 결실을 나눠 먹어야 합니다. 치열하게 싸우는 기업들에 비해 비교적 평화롭게 말이죠.

넘진벽 요소❹ 마성의 매력, 브랜드 가치

나이키, 스타벅스, 애플. 세 기업의 공통점은 무엇일까요? 운동화 시장, 커피 시장, 스마트폰 시장 등 수많은 경쟁자들이 치고 올라오는 업계에 있으면서도 시장점유율을 지키는 기업들이라는 점입니다. 그만큼 브랜드에 대한 소비자 충성도 역시 상당히 높습니다. 물론 처음에는 제품이 좋아서 쓰기 시작했겠지만, 좋은 경험이 쌓여 브랜드에 대한 충성도로 이어진 이후부터는 '어떤 제품이 나와도' 사곤 합니다. 뭘 해도 좋아해주는 정도에까지 이르게 되는 것입니다.

신기하게도, 이런 경우 제품의 가격이 비싸도 소비자들은 크게 개의치 않습니다. 나이키 한정판 운동화는 정가보다 10~20배 높은 가격에 거래되기도 하고, 비싼 스타벅스 텀블러를 사기 위해 새벽부터 줄을 서는 사람들도 많습니다. 값싼 경쟁 제품이 나왔다는 소식에도 굳이 고가의 아이폰, 맥북 신형이 나올 때까지 기다리는 애플의 팬들 역시 우리 주변에서 쉽게 찾아볼 수 있습니다. '비싸도 소비자들이 산다'는 것은 1개 팔아서 남는 돈이 더 많다는 이야기가 됩니다. 그래서 브랜드 가치가 높은 기업은 항상 높은 이익률을 자랑합니다.

브랜드 가치는 누구나 탐내는 자산이지만 쌓아올리기는 쉽지 않습니다. 오죽하면 과거 한국존슨이 에프킬라를 만든 회사인 삼성제약을 약 380억 원에 인수했는데, 그 중 약 290억 원이 에프킬라 브랜드에 대한 가격이었다고 합니다. 나머지 90억 원 정도가 공장, 기계 등 실물 자산에 대한 가격이었고요. 에프킬라라는 브랜드가 가져올 이익에 대해 상당히 높게 평가했음을 알 수 있습니다.

그렇다면 눈에 보이지 않는 브랜드 가치를 우리가 어떻게 알 수 있을까요? 어렵지 않습니다. 소비자들이 구매 결정을 하는 데 있어 '브랜드'가 미치는 영향이 크다면, 일반적으로 그 기업의 브랜드 가치는 높습니다. 집 앞 1,500원짜리 햄버거 가게에는 가볼 생각도 하지 않고, 굳이 길 건너 맥도날드까지 가서 2,000원짜리 햄버거를 사 먹는 소비자들이 많다면? 맥도날드의 브랜드 가치는 높다고 말할 수 있습니다. 즉 '맥도날드이기 때문에' '스타벅스이기 때문에' 믿고 구매를 결정하는 소비자들이 많다면, 그 기업은 충성도 높은 소비자들을 많이 확보한 상태입니다.

어느 브랜드가 가치 있는지 파악하고 싶다면, 인터브랜드가 매년 명확하게 정리해주는 세계에서 가장 가치 있는 브랜드 순위를 살펴보면 됩니다. 높은 브랜드 가치를 지닌 기업을 찾고 싶다면 순위권 내에 있는 기업을 눈여겨보면 도움이 될 것입니다.

[2020 글로벌 브랜드 Top 100 (출처: 인터브랜드)]

순위	브랜드명	순위	브랜드명	순위	브랜드명
1	애플	26	펩시	51	소니
2	아마존	27	어도비	52	씨티
3	마이크로소프트	28	에르메스	53	필립스
4	구글	29	GE	54	질레트
5	삼성전자	30	유튜브	55	포르쉐
6	코카콜라	31	액센츄어	56	스타벅스
7	도요타	32	구찌	57	마스터카드
⋮	⋮	⋮	⋮	⋮	⋮

이 자료는 2020년 인터브랜드에서 발표한 100개의 글로벌 브랜드입니다. 이 100개 기업 중 50개 이상이 미국 브랜드이며, 사실 이것만으로도 미국주식에 투자해야 할 이유가 설명되지 않나 싶어요. 즉, 세계적으로 인정받는 브랜드들의 다수가 미국 국적을 가졌기 때문이죠. 물론 브랜드 기준으로 작성된 자료이기 때문에 해당 브랜드를 소유한 기업이 실제로 누구인지 찾아야하긴 합니다. 예를 들어 기저귀 브랜드 팸퍼스(3위)와 면도기 브랜드 질레트(54위)는 미국 생활용품 기업 P&G^{PG}의 브랜드고, 명품 브랜드 루이비통(17위)과 디올(83위)은 프랑스 명품 기업 루이비통 모엣 헤네시 ^{LVMH}의 브랜드입니다.

이들 기업은 순위권 내에 든 브랜드 외에도 세계적인 명성을 떨치는 브랜드들을 다수 보유하고 있습니다. P&G는 다우니, 오랄비, 페브리즈 등을, LVMH는 셀린느, 겐조, 펜디, 지방시 등을, 이름만 들어도 입이 떡 벌어지는 브랜드들을 수십 개씩 들고 있습니다. 소중한 돈을 맡긴다면 이런 기업들에게 맡겨야 안심이 되지 않을까요? 사람들이 수 백만 원짜리 루이비통 가방을 사기 위해 줄 서서 기다리거나 섬유유연제가 떨어졌을 때 망설임 없이 다우니 제품을 집어드는데는 다 이유가 있습니다. 그러니 "이 브랜드들이라면 소비자들이 안 사고 못 배긴다!"라는 브랜드를 발견했다면 확신을 갖고 한번 투자를 해보세요. 강력한 브랜드의 힘이 만족스런 결과를 가져다 줄 것입니다.

점검! 진입장벽 ————

대표적인 진입장벽 4가지를 살펴보았습니다. 이제 투자하고 싶은 기업이 있다면 어떤 진입장벽을 갖고 있는지, 얼마나 튼튼한 장벽인지 그 강도를 스스로 점검해보는 시간을 갖는 것이 좋습니다. 그저 맹목적으로 투자하기보다는 이 기업에 투자해야 하는 이유가 보다 명확하게 있어야 성공적인 투자입니다.

각 넘진벽 요소에 대해 점수를 줘서 결정하는 것도 좋은 방법입니다. 다음은 제가 넘진벽을 점검하기 위해 작성한 예시로, 앞서 말한 네 가지를 각각 5점 만점으로 두어 측정했습니다. 저는 적어도 5점 만점을 받은 진입장벽이 하나 이상 있는 기업에 투자하는 편입니다. 단순히 진입장벽이 다양하다고 좋은 것이 아니라 얼마나 확실한 진입장벽을 갖고 있느냐가 더 중요할 수 있기 때문입니다.

[넘진벽 점검 예시]

기업	정부 네트워크	특허	자본	브랜드 가치
애플	3	5	5	5
구글	3	5	5	5
나이키	3	3	4	5
스타벅스	3	3	4	5
알트리아	5	3	4	3

3
꿈나무 기업 찾기

　잠시 복습해볼까요? 앞서 '이거 어디 거지' 질문을 좋아하는 기업들을 고르는 방식을 살펴보았고, 그 중에서도 '넘진벽'을 가진 비교적 안정적인 종목들을 걸러내는 법도 같이 알아보았습니다. 이번에는 한 단계 나아가 더 높은 수익을 얻을 수 있는 방법을 이야기해보려고 합니다. 바로 '꿈나무 기업'을 찾는 법입니다.

미래의 기업은 무엇을 만들까?

저는 2018년 위 기준에 따라 스마트폰 기업 애플과 담배 생산 기업 알트리아[MO]에 투자한 적이 있었습니다. 글로벌 1등 스마트폰 제조사 애플과 글로벌 1등 담배 기업 알트리아, 둘 다 잘 아는 기업인 데다가 탄탄한 진입 장벽까지 갖추고 있는 기업이었죠. 두 기업 모두 종목 선정 기준에도 부합하는 최적의 선택지였습니다. 그런데 둘의 운명은 2년만에 크게 달라졌습니다. 3년의 기간 동안 약 75% 상승이라는 우수한 성적표를 보여준 애플과 다르게 알트리아는 약 -20% 하락이라는 초라한 성적표를 내민 것입니다.

[애플과 알트리아의 주가 차트(2018~2019). 출처: Stockcharts]

두 기업 모두 각자의 분야에서 탄탄한 진입장벽을 갖추고 있었지만, 그와는 별개로 미래 산업에 속해 있느냐 없느냐가 운명을 다르게 했습니다. 애플은 아이폰 이후 애플워치, 에어팟 등 신제품을 계속 출시해왔을 뿐 아니라 자율주행차, AR/VR 등 새로운 사업에 진출 소식을 알리며 계속해서 미래 비전을 제시해왔죠. 그 미래를 좋게 본 투자자들이 기꺼이 투자를 하면서 주가가 무서운 속도로 올랐습니다. 사실상 실적이 오르는 속도보다 주가가 오르는 속도가 더 빠를 만큼 그 인기는 대단했습니다.

반면 알트리아는 사양 산업인 담배 산업에 속해 있습니다. 담배가 몸에 안 좋다는 인식 때문에 흡연하는 사람들이 점점 줄어가고 있습니다. 그러니 사실 지금 돈을 잘 벌고 있음에도 불구하고 투자자들에게 영 인기가 없는 주식이 됐습니다.

어찌 보면 초보 투자자에게는 아이러니한 상황입니다. '아니 왜 이렇게 돈을 잘 버는데 주가가 못 올라?'라는 의문은 저도 항상 갖고 있었죠. 실제로 알트리아의 매출 자체는 지난 10년간 단 한 차례도 줄어든 적이 없습니다. 담배는 쉽게 끊기 어려운 중독성 제품인 만큼 수요가 줄어들면 그만큼 가격을 올려 줄어든 이익을 메꿀 수 있기 때문입니다. 다만 앞으로 돈을 더 잘 벌 거라는 희망이 잘 보이지 않을 뿐입니다.

고민 끝에 제가 정한 제 3원칙은 '이 기업은 꿈나무 기업인가?'입니다. 결국 주식 투자로 돈을 벌기 위해서는 투자자들의 꿈이 모이는 주식을 찾아야 한다는 것을 느꼈기 때문이죠. 앞서 소개한 넘진벽 기업을 찾는 건 높은 시장점유율로 마음이 편한 주식을 고르기 위함이었다면, 꿈나무 기업을 찾는 건 보다 높은 수익률을 추구하기 위함입니다. 즉, 앞으로 매출 혹은 이익이 20~30%씩 꾸준히 성장할 수 있는 기업을 찾는 것입니다.

꿈나무 기업은 앞으로 찾아올 우리 삶의 변화를 상상해보면 찾을 수 있습니다. 일종의 미래 일기를 한번 써보는 것이죠. 예를 들어 제가 쓴 미래 일기를 보여드릴게요.

[앙찌의 미래 일기]

분야	내가 상상한 미래	관련 종목
전기차 (자율주행차)	운전자가 필요 없는 자동차	테슬라(TSLA), GM(GM) 블링크차징(BLNK), 차지포인트(CHPT)
우주	가족 기념일에 떠난 우주 여행	록히드마틴(LMT), 보잉(BA)
미디어	모든 영화는 집에서 관람	넷플릭스(NFLX), 디즈니(DIS), 구글(GOOGL)
인공지능 (반도체)	나 대신 일해주는 인공지능 비서	엔비디아(NVDA), AMD(AMD), TSMC(TSM)
가상현실 (AR/VR)	가상현실에서 만나기로 친구와 약속 잡기	유니티(U), 로블록스(RBLX), 페이스북(FB), 애플(AAPL)
원격 근무	모든 일은 집에서	도큐사인(DOCU), 마이크로소프트(MSFT)
프롭테크	부동산도 온라인으로!	질로우(Z), 레드핀(RDFN)
공유 경제	갖는 것은 싫다! 빌려 쓰기	우버(UBER), 리프트(LTFT), 에어비앤비(ABNB)
암호화폐	환전 없이 암호화폐로 바로 해외 송금!	페이팔(PYPL), 스퀘어(SQ)

어떠신가요? 물론 '너무 먼 미래 아닌가' 의심이 들 수도 있습니다. 실제로 제가 '가상현실 관련 기업에 투자했다'라고 말하면 여전히 이상하게 보는 사람들이 주변에 많습니다. 그저 유행하는 테마주를 쫓아다닌다고 생각하거나 아직 영화에서나 볼 수 있는 먼 미래의 기술이라고 생각하면서요.

마찬가지로, 2년 전 제가 '인공지능 관련 기업에 투자한다'고 했을 때도 이상하게 보는 사람들이 많았습니다. 관련 유튜브 영상을 올렸을 때도 많은 분들로부터 '인공지능이라니, 너무 먼 미래인 것 같다'고 댓글을 받기도 했습니다. 지금 투자를 하기에는 시기 상조라며 걱정해주시기도 했습니다.

사실 틀린 말은 아니었을지도 모릅니다. 왜냐면 당장 눈에 보이는 실적이 없기 때문입니다. 그러나 이후 지금까지 인공지능 관련 기업들의 주가는 꾸준히 올랐습니다. 점점 인공지능 기술이 현실에 적용되는 사례가 많아지면서 투자자들의 관심을 몰리기 시작한 것입니다.

이렇게 '꿈나무 기업'이 차근차근 오르는 걸 보고, 저는 사람들의 의심을 오히려 좋은 신호로 보게 되었습니다. 많은 사람들이 의심하는 단계에서 미리 자리를 잡고 기다리면 높은 수익을 얻을 수 있다는 것을 알려준 경험이었습니다.

기술은 우리가 모르는 사이에도 계속해서 발전합니다. 다만 확실해지기 전까지 미디어에서 주목하지 않는 것일 뿐입니다. 그리고 투자자들은 대부분 미디어에서 주목할 때 비로소 갖기 시작합니다. 그때부터 너도 나도 투자하겠다며 돈다발을 들고 주가가 급히 오르게 되고, 이때는 이미 늦었을 확률이 높습니다. 그들의 뒤꽁무니만 쫓아다니는 투자자가 되지 않기 위해서라도 스스로 꿈나무 기업을 찾는 연습을 해야 합니다.

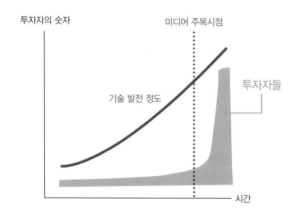

[기술 발전과 투자자들이 몰리는 것의 관계]

꿈나무 기업의 함정

1. 너무 먼 미래

꿈나무 기업들에 투자할 때도 조심해야 할 부분이 있습니다. 첫 번째로 생각보다 미래가 늦게 오는 경우입니다. 예를 들어 2017년에 전기차 관련 주식들이 인기를 끌었던 적이 있었습니다. 당시 저도 전기차 충전소 기업인 블링크차징BLNK에 투자를 했습니다. 전기차 시장이 크면 당연히 배터리를 충전할 수 있는 전기차 충전소 시장도 커질 것이라는 예상이었습니다. 곧 전기차 충전소들이 지금의 주유소들을 대체할 것이라 생각했습니다.

이 논리 자체는 틀리지 않았다고 생각합니다. 다만 전기차 시장의 성장 속도를 고려하지 못했다는 것이 문제였습니다. 지금도 제가 그린 미래는 오지 않았습니다. 전기차 가격이 내연 기관차들과 비교해 비싸고, 배터리 수명이 너무 짧은 등 기술적 문제들을 아직 극복하지 못했습니다. 결국 블링크차징의 주가는 힘없이 내려왔고 저는 역시 큰 손해를 보고 팔 수밖에 없었습니다.

그런데 2020년부터 전기차 붐이 다시 시작되었습니다. 전기차 1등 기업인 테슬라가 흑자 전환에 성공하면서 이제 정말 전기차 시장이 커질 것이라는 기대감이 커진 것입니다. 이와 함께 다시 한번 전기차 충전소 기업의 주가가 오르기 시작했습니다.

이번에는 저도 '시기상조 아닌가' 의심이 들었습니다. 또 당하게 될까 걱정부터 앞섰던 것입니다. 그렇지만 정부 차원에서 전기차 산업을 밀어주고 있다는 점, 전기차 관련 기업들이 흑자 전환을 앞두고 있었다는 점 등 시장 성장 신호를 두 눈으로 확인했기 때문에 다시 한번 투자를 했고, 나쁘지 않은 수익을 거둘 수 있었습니다.

2. 경쟁자 조심하기

꿈나무 기업 투자의 두 번째 위험은 경쟁사에게 자리를 빼앗기는 경우입니다. 즉, 예상했던 미래는 왔는데 생각보다 진입장벽이 낮아 후발주자에게 금세 자리를 내어주는 경우입니다. 대표적인 사례로는 제가 투자하기도 했던 식물성 고기를 만드는 기업 비욘드미트[BYND]가 있습니다.

투자하게된 계기는 지인의 호평과 식물성 고기 시장의 성장성이었습니다. 비욘드미트의 제품을 먹어본 지인이 '생각보다 진짜 고기랑 비슷한 맛이 난다'고 했고, 전 세계적으로 채식주의자들이 점점 많아지고 있는 만큼 식물성 고기 시장이 커질 것이라고 생각했죠. 개인적인 기대감도 높았습니다. 그런데 문제는 시장의 진입장벽이 그리 높지 않다는 것이었습니다.

한번은 맥도날드가 식물성 고기 버거를 출시하면서 고기를 자체 생산한다는 뉴스가 나온 적이 있었는데, 비욘드미

[비욘드미트의 주가]

트 주가는 그날 매섭게 하락했습니다. 혹여나 경쟁사에게 자리를 빼앗길까 두려운 마음에 투자자들이 비욘드미트 주식을 내다 팔기 시작한 것이었죠. 다행히도 알고 보니 두 기업이 같이 협력해서 만든다는 소식이어서 다시 비욘드 미트 주가가 회복하긴 했습니다. 그렇지만 이후에도 글로벌 식품기업들이 식물성 고기 시장에 진출한다는 소식이 계속되며 비욘드미트의 주가는 계속 출렁였고, 나중에는 후발주자들에게 시장 점유율을 빼앗겼습니다.

결국 저는 수익은커녕 손해를 보고 팔 수밖에 없었습니다. 설사 앞으로 더 주가가 오른다고 해도 진입장벽이 갖추지 않은 이상, 마음이 불편한 투자가 될 것이 분명했기 때문입니다. 따라서 꿈나무 기업을 찾더라도 제 2원칙인 '넘진벽 기업인가'를 꼭 점검을 해볼 필요가 있습니다.

4
두 번째 월급
주는 기업 찾기

주식 투자로부터 우리는 무엇을 얻을 수 있을까요? 싸게 사서 비싸게 팔아 그 차익을 챙길 수도 있지만, 투자를 통해 우리는 '배당'이라는 보상도 받을 수 있습니다. 배당은 특정 기업의 주식을 들고 있을 경우 주주로서 받을 수 있는 일종의 보너스입니다. 투자자들은 자신이 투자한 금액만큼, 즉 들고 있는 지분만큼의 배당을 받게 됩니다. A기업이 올해 1억 원의 배당금을 지급하기로 했는데 그 주식을 10% 들고 있다면, 1억 원의 10%인 1천만 원의 배당금을 받게 되는 것입니다. 다음 그림을 보시면 더 쉽게 이해하실 수 있을 거예요.

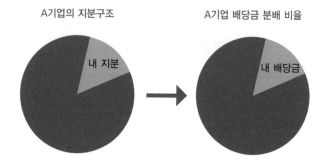

[배당금은 내가 가진 기업의 지분만큼 받습니다]

A기업의 지분구조

내 지분

A기업 배당금 분배 비율

내 배당금

미국주식의 배당이 매력적인 이유

　제가 미국주식을 시작하면서 가장 큰 매력을 느꼈던 부분이 바로 이 배당이었습니다. 주식을 들고만 있으면 통장에 돈이 들어온다니, 당장 수입이라고는 월급 하나였던 제게 너무 매력적인 투자처였습니다. 그야말로 두 번째 월급 같은 느낌이었습니다.

　게다가 미국은 대부분의 기업이 분기 배당입니다. 대부분 1년에 한번 몰아서 주는 우리나라 기업과 다르게 미국 기업은 1년에 4번 쪼개어 주는 방식이 일반적입니다. S&P 500의

80% 이상의 기업이 분기 배당을 해줍니다. 투자자 입장에서는 배당을 더 자주 받을 수 있으니 좋습니다.

더 정확하게 설명하자면 어떤 기업은 배당금을 1/4/7/10월, 어떤 기업은 2/5/8/11월, 어떤 기업은 3/6/9/12월에 줍니다. 이런 주기를 잘 활용한다면 월마다 배당 받는 시스템도 만들 수 있습니다. 당장 투잡을 할 여력이 없는 사람들도 쉽고 간편하게 부수입을 만들어볼 수 있는 기회입니다. 다음과 같이 말이에요.

[월배당 포트폴리오 예시]

1월	2월	3월	4월	5월	6월
알트리아	스타벅스	도미노	알트리아	스타벅스	도미노
7월	8월	9월	10월	11월	12월
알트리아	스타벅스	도미노	알트리아	스타벅스	도미노

사람마다 느끼는 바는 조금씩 다를 수 있겠지만, 누군가는 '그거 배당 조금 받아서 뭐하냐'며 배당주 투자에 곱지 않은 시선을 보내는 것도 사실입니다. 그럼에도 우리가 제4원칙으로 '배당을 주는 기업인가'를 고려해야 하는 이유는 과연 무엇일까요?

1. 충분한 현금흐름이 뒷받침된다 ──

한 가지 짚고 넘어갈 점은, 바로 모든 기업이 배당을 주는 것은 아니라는 것입니다. 기업이 배당을 주기 위해서는 그만한 여윳돈이 있어야 합니다. 하지만 기업은 번 돈으로 투자도 하고, 대출도 갚아야 합니다. 즉, 그러한 지출을 다 끝내고 난 후에도 주주들에게 배당을 줄 만한 여력이 있는 기업은 현금 잔고를 충분히 쌓아두었다는 의미가 됩니다.

더 나아가 배당을 늘린다는 건 기업이 앞으로도 돈을 잘 벌 것이라는 강력한 신호입니다. 굳이 재무제표를 어렵게 뜯어보지 않아도 알 수 있습니다. 회사 경영 사정에 대해 누구보다 잘 아는 내부 이사진들이 판단해 배당을 늘린 것이기 때문입니다.

'잠깐 늘렸다가 줄일 수도 있지 않나?' 싶을 수 있지만, 배당이라는 것은 한번 올리면 다시 내리기가 정말 어렵습니다. 특히 주주와의 약속을 어떤 나라보다 중요시하는 미국에서는 더더욱 그렇습니다. 시장에서 누구나 공감할 만한 위기가 오지 않는 한 최대한 지키려고 합니다.

만약 배당을 줄이거나 중단한다면 주가가 크게 하락합니다. 단순히 배당을 덜 받고 말고의 문제가 아니라 회사에 무언가 문제가 생겼다는 의미로 받아들여지기 때문입니다. 엑슨모빌 같은 에너지 기업들은 경기 사이클이 있어서 5년 단위로 업황이 좋기도 하고 안 좋기도 하는데 그와 무관하게 50년 동안 배당을 단 한 차례도 줄인 적이 없습니다.

하지만 모든 배당주가 꾸준하게 배당을 주는 것은 아닙니다. 특히 위기가 닥치면 배당주 기업들은 배당을 지속할지 말지 선택해야 하는 기로에 놓이기도 합니다. 엑슨모빌, 나이키, 스타벅스 같은 기업들은 위기 때도 배당을 중단하지 않았지만, 보잉, 에스티로더, 디즈니 등은 위기 때 배당을 중단했습니다.

[50년 이상 배당을 꾸준히 늘려온 엑슨모빌]

2. 최소한의 안전마진이 되어준다. ——

배당주의 또 다른 매력은 배당 자체가 안전 지지대 역할을 해주기도 한다는 점입니다. 즉 주가가 과도하게 하락하는 것을 막아줍니다. 당연한 말이지만, 배당주에 투자하는 이유 중 하나가 '배당'입니다. 배당주는 배당을 많이 주면 매력이 높아지고 배당을 적게 주면 매력이 떨어집니다. 이 말인 즉, 주가의 하락으로 배당률이 높아지면 매력을 느낀 투자자들이 유입되면서 주가를 떠받쳐주게 됩니다. 일반적으로 성장주에 비해 배당주의 주가 변동성이 더 작기도 합니다.

물론 이것은 반대로 말하면 주가가 오르는 폭 역시 더 작을 수 있다는 것입니다. 성장주라면 주가가 +50% 올랐을 사건도, 배당주라면 +30%만 오를 수 있습니다. 배당이 투자의 목적 중 하나인 만큼 주가가 오르면서 배당률이 낮아지면 그만큼 매력이 떨어지기 때문입니다.

그래서 시장이 계속 좋을 때, 그러니까 큰 하락 없이 대부분의 주식이 다 오를 때는 배당주가 외면 받기도 합니다. 강하게 오르는 성장주들에 비해 비교적 약하게 오르는 배당주에 투자하면 왠지 모르게 손해를 보는 것처럼 느껴지기 때문입니다. 그래서 2020년 성장주 중심의 강세장이 이어지는 동안 배당주는 인기가 없었습니다. 배당주 투자하면 바보라는 얘기까지 있을 정도였으니까요.

실제 주가 수익률에서도 차이가 많이 났습니다. 그렇지만 사람들이 배당주를 다시 찾기 시작한 건 2021년 초 큰 시장 하락이 왔을 때였습니다. 강세장일 때는 무섭게 오르던 성장주들이 약세장이 오니 무섭게 하락하기 시작했습니다. 단 며칠 만에 반토막이 나버리는 주식들도 많았죠. 그 때 배당주는 하락 폭이 더 작았기 때문에 비교적 안전한 투자였습니다. 제 지인도 역시 성장주 100% 포트폴리오를 가지고 있었기에 큰 타격을 입었고, 하락장을 맞고 나서야 배당주를 찾기 시작했습니다.

그래서 저는 배당주를 일종의 안전장치라 생각하고 투자합니다. 같은 호재를 가진 기업이라면 가능한 배당을 주는 기업에 투자하는 식입니다. 예를 들어 엔비디아[NVDA]와 AMD[AMD]는 똑같이 반도체 칩을 만드는 기업이고, 비슷한 주가 흐름을 보이지만 저는 배당을 주는 엔비디아에 투자하는 걸 더 선호합니다. 시장이 오를 때 조금 덜 오르더라도 시장이 떨어질 때 충격을 덜 받기를 원하기 때문입니다.

주가는 결국 실적에 맞추어 가기 때문에 장기적으로 보면 도달 지점은 비슷합니다. 단기적으로 주가가 위 아래로 흔들리는 것의 폭에 차이가 있을 뿐입니다. 그러나 시장에 휘둘리지 않고 마음 편한 투자를 지향하는 장기 투자자라면 배당주 투자를 마다할 이유가 없습니다.

3. 심리적으로 안정적인 투자를 할 수 있다. ____

앞서 숫자 측면의 안전성을 얘기했다면, 이번에는 심리적인 안정감을 이야기해보고자 합니다. 투자자 중 가장 마음이 편한 투자자는 배당주 투자자입니다. 투자하는 순간부터 최소한의 수익률을 확보할 수 있기 때문입니다. 즉, 배당률이 3%인 배당주에 투자했다면 기본 3%의 수익률을 확보하고 시작하는 것입니다. 배당을 받지 못하는 투자자들보다 앞서 출발하는 것이라고 할 수 있죠. 그렇기 때문에 당장 주가가 1~2% 하락하는 것 정도에는 덤덤하게 지낼 수 있습니다.

설사 그 이상 주가가 하락하더라도 배당금 자체가 다시 회복할 때까지 기다릴 수 있게 하는 힘이 되어줍니다. 좋은 주식이라면 주가는 결국 회복하기 마련입니다. 그럼에도 대부분 투자자들이 돈을 잃는 이유는 회복할 때까지 기다릴 만한 여유가 없기 때문입니다.

그 여유는 종목에 대한 믿음이라는 심리적 이유가 될 수도 있고, 당장 돈이 필요하기 때문이라는 경제적인 이유가 될 수도 있습니다. 경제적 이유 때문이라면 어쩔 수 없지만 만약 심리적인 이유라면 배당이 도움이 됩니다. 주가가 하락하면서 종목에 대한 믿음이 흔들릴 때, '배당 받으면서 버티지 뭐'라는 하나의 이유가 되어줍니다.

저 역시 매달, 매분기 꾸준히 통장에 들어오는 배당금을 보며 버틸 수 있었고, 이들 기업은 결국 코로나 이전 수준으로 회복했습니다. 물론 '굳이 버텨야 하나, 고점에 팔아서 저점에 다시 사면 되지'라는 생각을 할 수 있지만, 매매 타이밍을 잡는 건 그리 쉬운 것이 아닙니다.

이처럼 주식을 '보유하고 있어야 할 이유'가 하나쯤 있는 것은 장기 투자에도 큰 도움이 됩니다. 처음에 '1년 투자해야지'라고 마음을 먹었다가도 당장 수익률이 마이너스로 찍히면, 금방 '본전 오면 빨리 팔아버려야지'라고 생각하는 것은 모든 투자자가 겪는 일입니다.

주가가 오르더라도 마찬가지입니다. 수익률이 두자릿수만 되어도 혹시나 떨어지지 않을까 걱정되는 마음에 성급히 팔아버리기도 합니다. 좋은 주식이면 앞으로 그보다 훨씬 더 많이 오를 수도 있음에도 말이죠.

투자의 대가 앙드레 코스톨라니는 주식에 투자해놓고 수면제를 먹고 몇 년 간 푹 자라고 했을 정도로 개인 투자자들에게는 장기 투자를 권했습니다. 개인 투자자가 타이밍을 재는 투자로 꾸준히 돈을 벌기는 어렵기 때문입니다. 앞으로 어떤 호재, 악재가 오든 오래오래 투자하겠다고 마음먹었다면, 배당주에 관심을 기울여보세요.

4. 어떤 배당주를 골라야 할까?　─────

자, 그렇다면 수많은 배당주들 중에 어떤 주식을 사면 좋을까요? 제가 좋아하는 배당주의 기준은 다음과 같습니다.

1. 배당률이 너무 높지 않을 것

처음 배당주 투자할 때 가장 큰 실수가 무턱대고 배당률이 높은 주식에 투자하는 것입니다. 당장 배당률이 높은 것은 의미가 없습니다. 오히려 배당률이 너무 높다면 의심해봐야 합니다. 경영 상황이 좋지 않아 주가가 하락했는데 배당금은 아직 삭감하지 않아서 일시적으로 배당률이 높아 보이는 것일 수 있기 때문입니다.

예를 들어 A기업의 주가가 $100이고 5%의 배당률로 연간 $5의 배당을 주다고 해봅시다. 그 기업이 안 좋은 소식으로 주가가 $50로 떨어진 경우 배당률은 10%로 뛰게 됩니다. 한 순간에 고배당 기업이 되는 것입니다.

만약 그 안 좋은 소식이 계속된다면 그 기업은 뒤이어 배당을 삭감할 수도이 있습니다. 그렇게 되면 우리 주주들은 기대했던 배당도 못 받고, 주가 하락으로 인한 손실도 입게 됩니다. 그렇기 때문에 지금 당장의 배당률에 현혹되기보다는 내가 투자하고자 하는 기업이 배당 약속을 잘 지키는 곳인지 체크해볼 필요가 있습니다.

저는 배당률이 6%만 넘어도 일단 의심을 갖고 경계하는 편입니다. 진짜 우량주라면, 높은 배당에 매력을 느낀 배당주 투자자들이 유입되어야 합니다. 그러면서 배당률이 낮아지는 것이 당연할 테지만, 그런데 그 수준이 계속 유지되고 있다는 건 분명 문제가 있을 것이라고 의심합니다.

다른 투자자들도 바보가 아닙니다. 높은 배당을 주는데 굳이 배당률 1~2%의 배당주에 투자하는 것은 이유가 있습니다. 당장의 배당보다 앞으로 얻을 수 있는 보상을 보고 투자하는 것입니다. 기업이 주주들에게 줄 수 있는 보상이 배당만 있다고 생각하는 실수를 범하지 말아야 합니다. 기업은 번 돈을 재투자하거나 자사주 매입을 하거나 대출을 갚는 데 쓸 수 있습니다. 이는 결국 기업의 성장으로 이어지며 배당 그 이상의 주가 부양으로 이어질 수 있습니다.

2. 실적이 꾸준히 성장하고 있을 것

안정적으로 배당을 지급하는 기업은 어떤 특징을 갖고 있을까요? 바로 돈을 잘 버는 것입니다. 다시 말해, 실적이 꾸준히 성장하고 있는 것이죠. 지금 당장 배당을 많이 주더라도, 앞으로 돈을 벌지 못하면 배당을 삭감하거나 중단해 버릴 위험이 있습니다.

배당은 부차적인 것임을 잊지 맙시다. 결국 회사의 주가가 올라야 하기 때문에 아무리 배당주 투자라 하더라도 성장하는 기업에 투자하는 것은 기본입니다.

그렇다면 관심있는 기업이 꾸준히 잘 성장하고 있는지 알기 위해 확인해야 할 것은 무엇일까요? 저는 매출, 순이익, 당기순이익을 우선적으로 살펴봅니다. 용어 자체는 들어본 적은 있으시겠지만, 그래도 정확한 정의를 다시 한 번 짚고 넘어 가겠습니다.

[매출]

매출은 기업 활동을 하며 얻은 대가를 의미합니다. 물건 값이 1만 원인데 그것을 100개 팔았다면 100만 원의 매출 이 발생합니다. 다만, 어떠한 비용도 제하지 않았기 때문에 실제로 번 돈이라고 할 수는 없습니다.

그러나 이익이 꾸준히 늘기 위해서는 결국 매출이 늘어 나야 합니다. 매출 성장 없는 이익 성장은 언젠간 한계에 부 딪치기 때문입니다. 특히 적자 기업의 경우 당장 버는 돈보 다 쓰는 돈이 많기 때문에 이익이라는 것이 없습니다. 그럴 때 이 매출을 기준으로 성장성을 평가할 수 있습니다.

[순이익]

당기순이익이라고도 합니다. 매출에서 모든 비용, 세금을 제하고 난 뒤의 금액을 의미하기에 가장 중요한 지표라고도 할 수 있습니다. 매출이 빠른 속도로 성장한다고 해도 남는 게 없다면 주주들에게 배당을 줄 수 없기 때문입니다.

제 살 깎아먹기 식으로 적자를 내면서까지 배당을 주는 기업은 없겠죠. 주주들 역시 그렇게까지 배당을 바라지 않을 것입니다. 적자는 곧 기업 재무에 악영향을 미쳐 주가를 하 락시키기 때문입니다. 그래서 배당이 늘어나는 것 이상으로 순이익이 늘어나고 있는지 체크를 해주는 것이 좋습니다.

[주당순이익]

앞서 말한 것이 전체 순이익이라면 실질적으로 투자하는
데 더 도움이 되는 지표는 주당순이익Earning Per Share, EPS입니다.
즉 전체 순이익을 전체 주식 수로 나눈 것을 의미하는데, 제
가 가진 1주의 진정한 가치를 평가할 수 있습니다. 만약 A
기업이 총 1,000만 원의 순이익을 달성했고 총 1,000주의
주식이 유통되고 있다면 A기업 주식의 주당 순이익은 1만
원이 됩니다.

그런데 만약 B기업이 A기업과 동일하게 1,000만 원의 순
이익을 달성했지만, 총 500주의 주식이 유통되고 있다면 B
기업 주식의 주당 순이익은 2만 원이 됩니다. 즉, 같은 순이
익을 달성했지만 1주당 가치는 B기업의 주식이 더 높은 것
입니다. 그렇기 때문에 전체 순이익과 주당 순이익은 또 따
로 계산해주어야 합니다. 순이익이 늘어나는 속도보다 주식
유통량이 늘어나는 속도가 더 빨라 막상 주당 순이익은 더
떨어질 수도 있기 때문이죠. 전체 순이익과 함께 주당 순이
익도 꾸준히 늘어나는지 반드시 확인해야 합니다.

매출, 순이익, 주당순이익은 기업의 성적을 쉽게 잘 보여
주는 요소들입니다. 이것은 단순히 좋은 배당주를 찾는 것
이 아니라, 좋은 기업을 찾는데 있어서도 기본이 되기도 합

니다. 이 조건들을 어느 정도 만족하는 기업을 찾았다면, 좋은 배당주로서는 또 어떤 특징을 가져야할까요?

3. 최근 5년 이상 배당을 꾸준히 늘려왔을 것

꾸준히 성장하는 것만큼이나, 배당주는 꾸준히 배당이 늘어나는 것 역시 중요합니다. 왜냐하면 단순히 당장 배당을 많이 주는 기업보다 기업의 성장성 역시 중요하기 때문입니다. 이런 기업에 투자하면 계속 커지는 배당뿐 아니라 주가 성장의 결실까지 볼 수 있습니다.

하지만 단순히 '배당률'이라는 수치에 집착해서는 안됩니다. 배당률은 매수한 가격에 따라 달라지기 때문입니다. 지금 배당률이 2%인 A주식이 10년 뒤에는 5%가 될 수도 있습니다. A주식 1주를 100만 원에 샀는데 연 배당금이 2만 원이라고 해봅시다. 그렇다면 배당률은 2%가 됩니다. 그런데 A주식이 연 10%씩 배당을 늘려준다면 10년 뒤 내가 보유한 A주식의 배당률은 5.2%가 됩니다. 배당금은 늘어나는데 매수한 가격은 변하지 않았기 때문입니다.

	현재	1년 후	2년 후	3년 후	5년 후	10년 후
배당률	2.0%	2.2%	2.4%	2.7%	3.2%	5.2%
배당금	$2.0	$2.2	$2.4	$2.7	$3.2	$5.2
매수가격	$100	$100	$100	$100	$100	$100

10년의 기간 동안 A주식이 가격 오르는 경우도 생각해봅시다. 배당금이 오른 만큼 주가도 올랐기 때문에 현재 시가 배당률은 오르지 않습니다.

예를 들어 애플의 경우 지난 5년간 10%씩 배당을 늘려왔지만 주가가 오르는 속도가 훨씬 빨랐기 때문에 오히려 배당률은 계속 낮아져왔습니다. 즉 10년 뒤 내 배당률이 5%가 넘을지라도 동일한 시점에 누군가에게는 여전히 배당률 2%의 주식일 수 있습니다.

그렇기 때문에 같은 주식을 보유하면서도 남들보다 유리한 조건에 A주식을 보유한 것이 됩니다. 적금으로 보면 2% 적금을 갖고 있느냐 5% 적금을 갖고 있느냐의 차이입니다. 이런 이유 때문에 배당 성장주는 성급히 팔 이유가 없습니다. 시간이 지날수록 조건이 유리해지기 때문입니다.

물론 10년 동안 10%의 배당 성장 속도를 지키기는 어려운 일입니다. 지금 고속 성장 기업도 언젠가는 성숙기가 되어 배당 성장 속도 또한 느려질 수 있기 때문입니다. 그렇지만 무려 50년 동안이나 배당을 늘려온 엑슨모빌, 코카콜라의 경우 아직까지도 평균 5% 수준의 배당 성장 속도를 유지하고 있습니다. 성장기를 거쳐 성숙기에 접어들더라도 최소한의 배당 성장을 약속해줄 만한 주주 친화적인 기업을 찾아 노후를 준비를 해보는 것도 좋은 방법입니다.

배당 성장 잠재력을 보기 위해서 저는 최근 5년의 기록을 참고합니다. 꾸준히 배당을 늘려왔는지, 평균적으로 몇 %의 속도로 배당을 성장시켜왔는지 확인해보는 것입니다. 일시적으로 한번 배당을 크게 늘려주는 것 크게 의미가 없습니다. 중요한 것은 꾸준함입니다.

4. 배당성향이 80% 미만일 것

앞서 순이익에 대해서 잠깐 설명했었죠. 이 순이익에서 배당금이 차지하는 비율을 배당성향이라고 부릅니다. 만약 A기업이 총 1000억 원의 순이익을 달성한 후 그 중 500억을 주주들에게 배당을 지급하는 돈으로 썼다면 A기업의 배당성향은 50%입니다. 배당성향에 따라 배당금이 많으면 좋아 보일수도 있지만, 이는 일시적입니다. 기본이 되는 것은 꾸준히 오랫동안 잘 운영되는 것이기 때문에 무리해서 배당을 하고 있지는 않은지 확인해야 합니다.

특히 배당성향이 100%가 넘는다는 건 번 돈보다 배당으로 나가는 돈이 더 많다는 뜻입니다. 마이너스 적자를 보면서까지 배당을 줬다는 의미죠. 향후 순이익이 그만큼 더 늘어나지 않는다면 얼마 가지 않아 배당을 줄이거나 중단할 위험이 있습니다. 따라서 버는 돈 대비 무리하지 않으면서, 앞으로도 더 늘려나갈 여력이 있다고 판단되는 배당성향 80% 이하 수준에서 배당주를 찾는 것이 좋습니다.

이상 제가 배당주를 고르는 네 가지 기준을 소개했습니다. 배당주가 익숙하지 않은 분들이나 관련 정보를 어디서 찾아야할지 막막하신 분들을 위해 증권사 앱에서 배당주 관련 투자 정보를 얻는 법을 소개합니다.

Step1.

메뉴〉매매〉해외주식〉해외종목검색 접속

Step2.

배당이 궁금한 종목명 검색 후 '배당' 탭 접속

Step3.

배당 관련 다양한 정보 확인

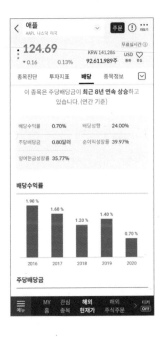

어떤 투자를 하든, 하면 할수록 자신만의 종목 선정 기준을 갖는 게 중요하다는 생각을 하게 됩니다. 이 사람 저 사람 이야기를 듣다 보면 모든 종목이 다 좋아 보이면서, 결국 휘둘리기 때문입니다. 저 역시도 처음에는 너무 많은 정보들을 듣게 되어, 오히려 혼란스럽기도 했습니다. 이미 투자를 한 종목보다 더 좋은 종목이 이야기를 들을 때마다 옮겨가고 싶은 마음이 들었습니다.

이 책을 읽는 분들 역시 미국주식 공부를 하다 보면 증권사 홈페이지, 유튜브, 블로그 등 곳곳에서 투자 정보를 얻게 될 것입니다. 100개 종목이 있으면 100개 종목에 대한 얘기가 다 나올 것이고, 누구는 좋다고 하고 누구는 안 좋다고 할 텐데, 어떤 근거로 판단을 내려야할지 혼란스러운 것은 당연합니다.

그래서 저는 앞서 소개한 네 가지 원칙들을 반드시 점검합니다. '내가 잘 아는 기업인가?' '넘진벽 요소를 갖추었는가?' '꿈나무 기업인가?' '두 번째 월급을 주는가?' 일단 좋다고 생각한 종목들을 차근차근 대입해보면 생각보다 빠르게 선택지가 걸러집니다. 그리고 이 과정을 거쳐 걸러낸 선택지와 그렇지 않은 선택지에 대한 믿음은 천차만별입니다.

예를 들어 투자한 종목에 악재가 생겼을 때 '그렇다고 해도 넘진벽 요소가 무너지지는 않았어' '꿈나무 기업이라는

사실은 변하지 않아' 등과 같이 버틸 수 있는 판단을 스스로
내릴 수 있기 때문입니다. 그러니 하루라도 빨리 실전에 부
딪혀 자신에게 가장 잘 맞는 종목 고르는 기준을 세우는 것
이 중요합니다.

4장

수익률 높이는
매매 습관 5가지

1
잘못된 매매 습관은
뼈아픈 손실을 만든다

 가끔 저는 제 과거 매매 기록을 보곤 합니다. 마치 옛날 다이어리 꺼내 보듯 이전에 했던 매매를 회상해보는데, 놀라운 건 제가 손실을 기록했을 때 샀던 대부분 주식들이 지금 보면 전혀 문제가 없는 주식들이라는 것입니다. 보통 주식 투자에 실패하는 이유가 이상한 주식에 손을 대기 때문이라는 제 믿음과 다르게. 제가 과거에 매매했던 종목들은 사실 우량주들이었습니다. 그런데도 제가 손실을 본 이유가 무엇이었을까요? 그냥 제 손이 마이너스의 손이었던 걸까요? 왜 좋은 종목을 잘 골라 놓고도 손해를 본 걸까요?

그 이유는 잘못된 매매 습관에 있었습니다. 그때의 기억을 더 자세히 생각해보니, 손실을 봤을 때의 공통점은 감정적인 투자를 했다는 것을 깨달았습니다. 즉, 마음이 가는 대로 주식을 사고 파는, 이른바 '내 맘대로 투자'를 했던 것입니다. 그러니 힘들게 좋은 종목 잘 골라 놓고도 돈을 잃는 것이었습니다. 이렇게 손실을 보는 일반적인 경우들을 다섯 가지 경우로 정리해봤습니다.

① 공포에 팔고 탐욕에 사는 것

공포에 사고 탐욕에 팔아야 하는데 그 반대로 행동하는 경우입니다. 주가가 떨어지고 있을 때는 '더 떨어지지 않을까' 하는 마음에 사지 못하다가 뒤늦게 주가가 오르고 나서야 부랴부랴 올라타는 경우입니다. 보통 이런 경우 고점에 물리는 경우가 많았습니다.

② 주변 의견에 휘둘리는 것

뉴스, 커뮤니티에서 나오는 이야기들을 아무런 비판 없이 받아들이는 경우입니다. 예를 들어 열심히 공부해서 믿음 갖고 투자했다가도 누군가의 비판 글 하나에 마음이 흔들려

금세 팔아버리는 것입니다. 뒤늦게 자신의 판단이 맞았다는 것을 알아도, 이미 후회하긴 늦은 상태였습니다.

③ 고집 부리는 것

제 판단이 잘못되었음에도 인정하고 싶지 않은 마음에 주식을 끝까지 안 팔고 있는 경우입니다. 그럴 때는 또 자기 입맛에 맞는 뉴스들만 골라 보게 되어 생각을 바꾸기 더 어려워집니다. 정신 차렸을 때는 이미 돌이킬 수 없는 손실을 보게 된 경우가 많았습니다.

④ 지나치게 확신을 갖는 것

몇 번 성공이 반복되다 보면 다음, 그 다음도 또 맞출 것이라는 자신감이 생깁니다. 보통 초보 투자자의 성공이 반복되면, 운이 잘 따라준 것이 대부분입니다. 그런데 자신의 판단에 대한 믿음이 과도해지면 이른바 '몰빵 투자'를 하게 되는데, 저는 그 때마다 기가 막히게도 예상치 못한 악재가 터져 나왔습니다. 투자로 얻은 결실들이 한번의 실수로 무너져 내린 적도 많았습니다.

⑤ 나만 아는 정보라 착각하는 것

지인이나 인터넷을 통해 얻은 정보를 흔히 말해 고급 정보라 믿고 투자한 경우입니다. 사실 나 같은 일반 투자자의 귀에 들려올 정도의 정보가 고급 정보일 확률은 매우 낮습니다. 그 정보를 듣고 투자하면 어김없이 하락이 찾아옵니다.

저처럼 이 같은 경험을 하신 분들도 있을 겁니다. 투자를 하면 누구나 손실을 겪기 마련입니다. 손실을 부끄러운 것이 아닙니다. 다만, 그 실수를 계속해서 반복하는 것은 문제입니다. 이번 챕터에서는 이렇게 반복되는 실수들을 줄이기 위한 전략이자 더 높은 수익률을 얻기 위한 다섯 가지 매매 전략을 소개하고자 합니다.

2
로봇 전략
기계적으로 나눠서 사기

.ooool$ollll

2020년 3월, 코로나 바이러스가 전 세계적으로 유행하며 주식 시장에 큰 하락이 찾아왔습니다. 실물 경제가 위험에 빠지면서 투자자들이 공포에 휩싸여 패닉에 빠진 것입니다. 투자자들은 들고 있던 주식을 서둘러 팔기 시작했고, 가격이 순식간에 반토막 나는 주식들이 속속 등장했죠. 갑작스레 찾아온 불황에 투자자들이 속수무책으로 당했습니다. 저역시도 계좌가 이토록 빨갛게 물든 것을 보는 건 난생 처음이었습니다.

수치로 정리해보자면, 미국 대형 우량주들만 모아 놓은
S&P500 지수가 한 달만에 -30% 이상 하락했고 평균보다
타격이 컸던 종목들은 -50%, -70%씩 하락하기도 했습니
다. 어느 날은 장이 열리자마자 S&P500 지수가 -7%가 하
락하는 바람에 일시적으로 거래가 중지되는 사태까지 발생
했습니다. 참고로 이것은 주가가 급등 혹은 급락하는 경우
시장을 진정시키기 위해 약 15분 간 거래를 중지시키는 미

[미국 S&P500 수익률(2020.1~8)]

국의 '서킷 브레이커'라는 제도인데, 서킷 브레이커가 발동된 건 1997년 이후 처음 있는 일이었습니다. 그만큼 주가가 빠른 속도로 추락했습니다.

물론 중간중간 생각보다 주가가 일찍 회복하는 주식들도 있었습니다. 그러나 각종 뉴스들에서도 아직 더 위기가 올 수 있다며 부정적인 소식들을 전했습니다. 기업들이 무너지고 실업자들이 급증할 것이라는 말들도 많았습니다. 이러한 불안감이 모이고 모여 2020년 하반기에는 미국 뿐 아니라 세계 경제가 침체에 빠질 것이라고 믿는 사람들이 많았습니다.

과연 이 상황에서 확신을 갖고 Go를 외칠 수 있는 사람이 얼마나 있을까요? 저도 Go를 할 것이냐, Stop을 할 것이냐 끊임없이 고민했었습니다. 하루에도 몇 번씩 '그래, 지금 사야해!' '아니야, 더 떨어지고 사도 되지 않을까?'라는 생각이 들었습니다.

저도 그저 한 명의 개인투자자였습니다. 그래서 결국 저는 하나의 지점을 예측하는 것을 멈추고, 조금씩 나눠서 사기로 결정했습니다. 마치 로봇처럼 계속해서 사는 것이지요. 어차피 시장 하락이 오기 전이었어도 살 주식들이었더라면, 가격이 더 저렴해진 상황에서 사지 못할 이유는 없을 테니까요.

마침 오래전부터 찜을 해 온 주식들도 있었습니다. 그 중하나는 반도체 기업인 엔비디아로, 그림에서 보이는 것처럼저는 엔비디아 주식을 일곱 번에 걸쳐서 매수했습니다. 평소였다면 세 번에 나눠서 샀겠지만, 간이 콩알만해져 있었기 때문에 평소보다 조금씩, 더 많이 나눠서 샀습니다. 그러면서 어느새 저는 주가의 흐름에 상관없이 기계처럼 사 모으는 제 자신을 발견했습니다.

[엔비디아 주가 차트]

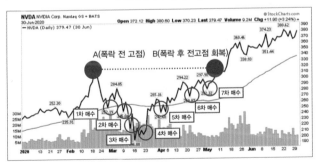

물론 주식을 살 때마다 주가가 당장 내일 더 떨어질 수 있을 거라는 두려움도 있었습니다. 실제로 더 떨어지는 날도 많았죠. 그렇지만 저는 엔비디아가 중장기적으로는 코로나 이전 수준의 가격(A)으로 돌아갈 것이라는 믿음이 있었습니다. 코로나로 인해 사회가 어떻게 바뀌든 반도체는 반드시 필요할 것이라 생각했기 때문이었습니다. 그래서 주가 회복 지점(B)에 오기 전까지는 타이밍을 재지 않고 기계적으로 매수하기로 했습니다. 어제보다 오늘 조금 더 비쌀지언정 코로나 이전 가격과 비교하면 여전히 싼 가격이라고 느껴졌으니까요.

그러다가 갑자기 엔비디아 주가가 다시 오르기 시작했습니다. 다음 신고가에 도달하기까지 3개월이 채 걸리지 않았을 정도로 매우 빠르게 회복했죠. 당시 계속 타이밍을 재면서 주식 시장의 바닥을 잡으려던 투자자들은 신고가를 갱신하고 나서야 뒤늦게 매수하기 시작했습니다. 만약 저도 그때 그때 시장 상황에 따라 결정을 내렸다면 결코 용기를 내지 못했을 것입니다. 다만 '코로나 이전 가격까지는 간다'는 기준을 정해 놓고 로봇처럼 나눠서 산 덕분에 공포를 이겨낼 수 있었습니다. 결과적으로 최적의 타이밍을 잡을 수 있었던 것입니다.

또 다른 예시로 아마존의 주가를 살펴볼까요? 2019년 한 해 동안 아마존의 주가는 크게 오르지도 떨어지지도 않는 횡보장이었습니다. 이유는 실적 문제였습니다. 앞서 말한 것처럼 아마존이 배송 혁신을 위해 물류 센터를 짓고 드론과 로봇을 도입하는 등 투자를 늘리면서 비용이 늘어나 이익이 줄어든 것이었죠.

그렇지만 아마존의 투자 방향에는 잘못된 것이 없어 보였습니다. 이익이 줄어들고는 있었지만 매출은 오히려 증가하는 상황이었기 때문입니다. 아마존의 목표가 아마존이라는 플랫폼 안에 더 많은 판매자와 구매자를 끌어 모아 규모의 경제를 달성하는 것이라면 틀린 선택은 아니었죠. 즉, 지금의 비용 증가는 일시적인 악재일 뿐, 먹구름이 걷힐 때쯤 주가가 다시 반등할 수 있을 것이라는 생각이 들었습니다. 장기적인 미래를 본다면 꾸준히 사 모아도 되겠다는 판단이 들었습니다.

로봇 전략은 이번에도 통했을까요? 언제 다시 반등하게 될지 시점을 예측할 수 없으니 돈이 생길 때마다 기계적으로 1주씩 사 모으기로 시작했습니다. 보통 횡보장일 때는 오르락 내리락 하며 한번씩 바닥을 찍게 되니 그 타이밍을 노려 보기로 했죠. 이후에는 주가가 당월 고점 대비 -5% 이상 빠질 때마다 매수하겠다는 목표를 세웠습니다.

이 기준에 따라 그림과 같이 총 세 번에 걸쳐 아마존 주식을 사 모았습니다. 8월에 1차, 9월에 1차, 10월에는 주가가 많이 올라 사지 못했지만, 11월에 한번 더 떨어져 3차 매수까지 했습니다. 완전한 바닥을 알 수는 없었지만 적어도 기준을 정해 놓으니 주가가 떨어질 때의 공포를 이겨내고 과감히 매수할 수 있었습니다.

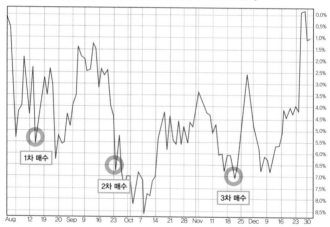

[아마존 주가차트(2019.8~12). 출처: Stockcharts]

그리고 2020년 1월부터 아마존 주가가 다시 오르기 시작했습니다. 아마존이 깜짝 실적 발표를 했는데, 예상대로 비용 증가는 있었지만 매출이 그보다 더 크게 증가하면서 시장이 놀랐습니다. 덕분에 아마존 주가가 급등하면서 CEO 제프 베조스가 빌 게이츠를 제치고 세계 1등 부자가 되기도 했습니다. 물론 바로 다음 달 찾아온 코로나 역풍을 아마존 역시 피하지는 못했지만 아마존만 그런 것이 아니었기에 큰 걱정은 없었습니다. 오히려 오프라인 상점들이 문을 닫고 비대면 전자상거래가 활성화되면서 하락 이후 더 강한 상승 추세를 이어갔습니다. 내 입장에서도 2020년 3월 큰 하락을 정통으로 맞고도 1년 간 70% 이상의 수익률을 올렸으니 나쁘지 않은 성과였습니다.

로봇 전략의 핵심은 주가가 하락할 때 공포를 억제하는 것입니다. 물론 공포를 이겨내는 것이 쉽지 않습니다. 떨어질 때는 계속 떨어질 것 같고, 반대로 오를 때는 또 계속 오를 것 같은 것이 사람 마음이기 때문입니다. 저 역시 그렇기 때문에 매수 타이밍의 기준을 정해 놓은 것입니다. 주가가 고점 대비 -5% 떨어질 때마다 주식을 사 모으는 것처럼 말입니다.

물론 그 기준은 시장 상황에 따라 달라질 수 있습니다.

예를 들어 하락장일 때는 어디가 바닥일지 모르니 -5%, -10%, -15% 단계별로 기준을 정해 사 모으고, 상승장일 때는 -3% 하락할 때마다 사 모으는 것으로 기준을 완화하기도 합니다. 시장 분위기가 좋을 때는 -5%까지도 오지 않는 경우가 많기 때문입니다. 중요한 것은 자신만의 기준을 갖는 것입니다. 경험이 부족한 초보 투자자일수록 더욱 그렇습니다. 이런 기준이 없다면 단 1~2%의 하락으로도 크게 흔들리며 충동 매매를 하게 될 수 있기 때문입니다.

[시장 상황별 로봇 전략 사용 예시]

	하락장	횡보장	상승장
1차	-5%	-5%	-3%
2차	-10%	-5%	-3%
3차	-15%	-5%	-3%

3
청개구리 전략
사람들과 반대로 행동하기

.ₙₙₙₗₗ$ₒₗₗₗₗ

"이런 기업이 좋다고 하다니, 믿고 거릅니다."

유튜브에 기업 소개 영상을 올리면 간혹 악성 댓글이 달리곤 합니다. 이런 댓글들 유튜버로서는 상처를 받기도 하지만, 투자자로서는 엄청난 힌트를 얻게 됩니다.

사람들이 욕을 하면 그곳은 저점인지 확인할 필요가 있고, 사람들이 열광을 하면 고점인지 의심해봐야 합니다. 이것을 저는 사람들로부터 얻을 수 있는 '인간 지표'라고 부릅니다. 신기하게도 보통 이런 악성 댓글이 달릴 때가 주가가 저점인 것을 본 경험이 있기 때문입니다.

왜 그럴까요?

보통 사람들이 투자에 긍정적으로 변하는 이유는 주가가 오르는 것을 두 눈으로 봤기 때문입니다. 주변에서 너도 나도 돈을 벌었다고 하니 '나도 해볼까?'라는 관심으로 시작하게 되는 것이죠. 이처럼 폭발적으로 늘어난 투자에 대한 관심의 최대 수혜자는 누구였을까요? 바로 2020년 한 해 주가가 엄청나게 오른 '테슬라'입니다.

테슬라의 주가는 수많은 신규투자자의 유입으로 미친듯이 올랐습니다. 하지만, 2019년 중반까지만 해도 테슬라에 대해 부정적인 여론이 더 많았습니다. '테슬라 CEO 일론 머스크는 사기꾼이다' '테슬라 파산한다'는 기사들이 쏟아져 나왔으니 말이죠.

그러다 2019년 말부터 테슬라 주가가 본격적으로 오르기 시작했고, 제가 유튜브에 테슬라 영상을 올린 것은 2020년 7월이었습니다. 사실상 주가가 오르기 시작한 지 한참 지났는데도 여전히 의심하는 사람들이 더 많았습니다. 영상에 달리는 댓글들 역시 '여전히 거품 같다' '비싸보인다' 등 부정적인 시선으로 가득했습니다.

저 역시도 7월에 영상을 올릴 때만 해도, 이미 너무 테슬라 주가가 많이 올라 있는 상태였기 때문에 '너무 비싸게 샀나' 싶기도 했습니다. 그런데 이렇게 부정적 댓글들이 많이 달리는 것을 보고 아이러니하게도 제 판단에 더 확신을 가지게 되었습니다.

'유레카! 고점은 아니구나'

실제로 테슬라 주가는 이후에도 상승세를 이어갔고, 2달 만에 80%가 더 올랐습니다. 그 때쯤에는 '테슬람'이라는 말이 생길 정도로 테슬라에 대해 신뢰를 넘어선 맹목적인 신념을 갖는 사람들까지 생길 정도였으니까요. 심지어는 테슬라에 대해 욕을 하는 글이 올라오면 그 글에 반대하는 악성 댓글이 가득했습니다.

테슬라 열풍이 계속 이어지던 어느날 부모님으로부터 전화를 한통 받기도 했습니다. '테슬라에 투자하려면 어떻게 해야 하냐'는 것이었습니다. 미국주식에 일절 관심 없던 부모님까지 테슬라를 찾게 되다니! 그야말로 테슬라에 투자 안 하면 바보가 되는 분위기였습니다.

시장에 광기 어린 투자자들이 생겨나고, 투자에 관심 없던 사람들까지 뛰어드는 모습을 보며 저는 그때가 테슬라 주가의 고점이라는 직감이 들었습니다. 테슬라라는 기업이

유망하다는 생각에는 변함이 없었지만, 인간 지표에 의하면 기업의 가치 대비 주가가 과도하게 오른 것은 확실했습니다.

다행히도 인간 지표를 믿었던 저는 테슬라 열풍 속에서 무사히 수익을 낼 수 있었습니다. 테슬라 주식을 매도한 지 얼마 지나지 않아 주가는 크게 하락했습니다.

정확히는 2020년 8월 말 정점을 찍은 이후 테슬라 주가는 쭉 떨어지더니 약 두 달 반 동안 주가가 큰 변함 없이 횡

[테슬라 주가 차트(2020.7~10)]

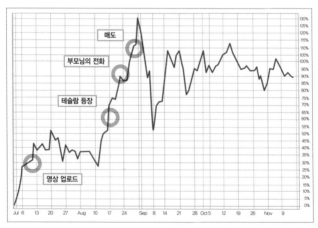

보를 이어갔습니다. 이후 큰 폭락은 없었다고는 하지만 뒤늦게 테슬라 파티에 동참한 사람은 그 두 달 반의 지루한 기간 동안 힘든 하루 하루를 보내야만 했을 것입니다.

이와 인간 지표가 우리에게 말하는 것은, 돈을 벌기 위해서는 대중과 반대로 행동할 수 있어야 한다는 것입니다. 좀 더 자세히 설명하자면 무작정 인기 있는 주식을 따라가지 말고, 인기 없는 주식에 관심을 가져야 한다는 말이지요.

물레방아 이론

저는 이것을 하나의 이론으로 정리하고, '물레방아 이론'이라는 이름을 붙였습니다. 테슬라 주가의 위치에 따라 사람들의 심리가 어떻게 변했는지를 생각하면서 다음 그림을 한번 볼까요?

제 나름대로 이것을 하나의 이론으로 정리했는데요, 다음 그림을 보면 더 명확히 이해하실 수 있을 것입니다. 테슬라 주가의 위치에 따라 사람들의 심리가 어떻게 변했는지를 생각하면서 보시면 더 좋습니다.

주가의 위치에 따른 사람들의 심리 변화

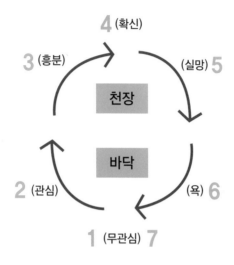

[양찌의 물레방아 이론]

[1] 바닥(무관심)

종목에 대다수의 사람들이 무관심한 단계. 2019년 9월까지만 해도 테슬라 주식에 관심 갖는 사람들이 많지 않았습니다. 오히려 'CEO 일론 머스크는 사기꾼이다' '테슬라는 곧 파산할 것이다'라는 의견들이 많았죠.

[2] 상승 전반(관심)

서서히 관심이 증가하는 단계. 주가가 오르기 시작하니 슬슬 관심을 갖는 사람들이 등장했습니다. 하지만 의심하는 사람들이 아직 더 많고 대다수의 사람들이 '이러다 말겠지'라는 생각으로 일단 관심을 갖고 지켜보기만 합니다.

[3] 상승 후반(흥분)

주가가 더 빨리 오르는 것과 함께, 흥분한 사람들이 너도나도 사기 시작하는 단계. 이 때는 어디서나 테슬라 이야기가 들렸습니다.

[4] 천장(확신)

주가가 천장에 이르는 단계. '무조건 간다' 등 테슬라에 대해 과도하게 확신하는 사람들이 곳곳에서 보였습니다.

[5] 하락 전반(실망)

주가가 주춤하는 단계. 무섭게 오르던 주가가 고개를 꺾고 하락하기 시작합니다.

[6] 하락 후반(욕)

주가가 계속 하락하며 사람들이 불안한 마음에 매도하는

단계. 사람들은 더 손해를 볼까봐 빨리 팔아 치웁니다.

[7] 바닥(무관심)

주가가 바닥을 형성하며, 다시 무관심의 영역으로 돌아옵니다. 종목마다 이 물레방아 같은 과정이 반복됩니다. 그 주기는 몇 주, 몇 개월, 심지어는 몇 년까지 걸릴 수도 있습니다.

주가의 위치에 따른 사람들의 심리 변화

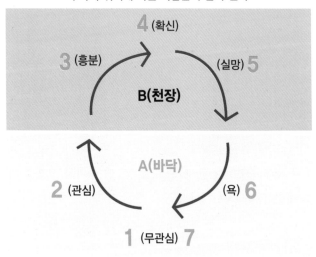

[A에서 사고, B에서 팝시다]

그렇다면 우리는 어디에서 사야 할까요? 당연히 주가가 내려간 시점이 최고의 선택지일 것입니다. 그렇지만 가장 낮은 바닥을 잡으려고 하면 번번이 실패합니다. 맨 밑바닥에서 살 수 있으면 좋겠지만 그것에 목맬 필요는 없습니다. 우리는 사람들이 주식을 많이 들고 있지 않은 A의 영역 정도에서만 매수하고, 사람들이 주식을 많이 들고 있는 B의 영역에서 매도하기만 하면 괜찮은 수익을 올릴 수 있습니다.

청개구리 전략의 효과를 더 실행하는 방법도 있습니다. 일부러 주변 사람들에게 관심 종목을 말해보는 것이죠. 만약 "좋다"는 의견이 많다면 의심하고, 반대로 무관심하거나 "별로"라는 의견이 많다면 더 관심을 가져보는 것입니다.

사람들의 기대와 공감을 얻는 것이 투자의 영역에 있어서 만큼은 꼭 그렇게 좋은 것만은 아니라는 것, 이것이 이 청개구리 전략의 핵심입니다.

만약 주변 사람들에게 알리는 것이 부담스럽다면 네이버, 유튜브 등 투자 관련 커뮤니티를 참고하는 것도 좋은 방법입니다. 평소 활발한 커뮤니티들을 둘러보면서, 시장 하락을 버티지 못하고 손절했다는 글이 올라올 때쯤 살만한 종목이 있는지 주식 쇼핑을 해보세요. 반대로 많은 사람들이 확신을 갖고 위험한 2배, 3배 파생상품을 사거나 들어보지 못한 위험한 주식에까지 손을 대는 것이 보이면 조용히 들고 있던 주식을 팔고 시장을 빠져나오면 됩니다.

단순히 사람들의 말보다 객관적인 지표를 찾는다면, CNN에서 제공하는 Fear&Greed Index도 참고해볼 수 있습니다. 지금 시장을 지배하는 감정이 탐욕과 공포, 어느 쪽으로 향해 있는지 시각적으로 보여주는 자료입니다. 바늘이 100에 가까울수록 탐욕이 시장을 지배한다는 뜻이고, 0에 가까울수록 공포가 시장을 지배한다는 뜻입니다.

코로나 절정 당시 100점 만점에 7점까지 내려온 공포탐욕지수

[Fear&Greed Index (2020.3). 출처: CNN]

코로나 위기가 온 2020년 3월의 상황을 되짚어볼까요? 당시 이 바늘은 7을 가리키고 있었습니다. 당시 S&P500 지수가 3300에서 2200대로까지 내려간 상황이었는데 글로벌 금융 기업인 골드만삭스는 '2000까지 내려간다', 뱅크오브아메리카는 '1800까지 내려간다'고 전망하기도 했습니다. 그림처럼 '극한의 공포Extreme Fear' 상태에 달한 상황이었던 것입니다.

그런데 기가 막히게도 그 때부터 증시가 오르기 시작했습니다. S&P500 지수가 2000, 1800은커녕 2200대를 바닥으로 회복하기 시작했습니다.

실제로 당시 이 지표를 참고하여 바닥을 잡은 투자자들도 많았습니다. '모두가 공포에 빠져있을 때 매수한다'는 원칙을 잘 지켜, 만족스런 수익을 거둔 것입니다.

반대로 바늘이 100 가까이 향할 때는 조심하는 것이 좋습니다. 특히 지수가 70을 넘는 시기가 오랜 시간 동안 지속되는 법이 없었습니다. 즉, 어느 정도 탐욕이 올라왔을 때는 어김 없이 시장에 하락이 찾아온다는 뜻입니다.

물론 Fear&Greed Index 또한 시장을 판단하는 여러 지표들 중 하나일 뿐 이 자체가 매매의 기준이 될 수는 없습니다. 다만 현재 대중의 심리를 쉽고 간단하게 파악할 수 있는

지표로 유용하게 활용하시면 좋습니다. 일주일에 1회 정도
는 체크하며 냉정하게 현재 상황을 판단해보면 결정적인 순
간에 청개구리 전략을 펼치는 데 도움이 될 것입니다.

4
환승 전략
잘못됐다고 느낄 때 종목 교체하기

주식 투자를 시작하는 사람들은 '괜히 사고 팔지 말고 오래 묻어 놓으라'는 조언을 많이 듣게 됩니다. 어차피 좋은 주식은 장기적으로 우상향하니 사고 팔지 않아도 충분히 돈을 벌 수 있다는 것입니다. 그런데 그 말이 꼭 정답일까요? 이번 전략은 '환승 전략'으로, 매수한 종목이 잘못됐다고 느껴지면 종목을 교체하는 전략입니다. 단순히 투자는 장기로 봐야한다는 말만 믿고 큰일날 뻔한 사례를 우선 소개하겠습니다.

2017년 가장 인기 있던 주식 중 하나는 항공기 제조사 보잉이었습니다. 한 해 동안 주가가 쉬지 않고 올랐고, 당시 제가 제일 아끼는 주식 중 하나도 보잉이었습니다. 여행 수요는 계속해서 늘어나고 있었고, 전 세계 민간 항공기의 절반을 만드는 회사이니 오래 묻어 놔도 걱정 없는 주식이라 생각했기 때문입니다.

[한 해 동안 꾸준히 오른 보잉의 주가]

그런데 2018년부터 보잉의 주가가 일정 범위에만 갇히기 시작했습니다. 이런 상황은 '박스권'이라고도 부릅니다. 2018년 1월부터 2020년 1월까지, 약 2년 동안 주가가 크게 오르지도 떨어지지도 않는 상황이 이어졌습니다. 사실 이 기간 동안 보잉이 만든 항공기가 추락하는 사고만 2번 발생했으니 이상할 것도 없었습니다.

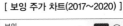

[보잉 주가 차트(2017~2020)]

이후 상황은 더 심각했습니다. 2020년 초 코로나 바이러스가 전 세계적으로 확산되면서 항공 산업이 크게 타격을 입어, 보잉의 주가 역시 큰 폭으로 하락했습니다. 심지어 1년이 지나도록 폭락하기 전 주가를 회복하지 못했습니다. 즉, 2018년 1월에 보잉 주식을 사놓고 3년 동안 묻어둔 사람은 사실상 계속 손해인 상태인 것입니다.

시장의 상황은 언제든지 예상과 다르게 흘러갈 수 있습니다. 그렇기에 무조건적인 장기 투자는 위험합니다. 특히 어떤 종목에 투자한 이유가 있는데, 그 이유가 훼손되어 주가가 흔들린다면 적극적으로 종목 교체를 고려해봐야 합니다.

저 역시 2018년까지만 해도 '보잉 주식은 그냥 묻어두자' 주의였습니다. 항공기 제조 업계 1등인 기업에 대한 믿음은 확고했기 때문입니다. 그렇지만, 앞서 말한 것처럼 2018년 말과 2019년 초 두 번에 걸쳐 보잉 항공기 추락 사고가 발생하면서, 보잉에 대한 믿음에도 금이 가기 시작했습니다.

심지어 당시 추락했던 비행기는 보잉의 가장 인기 있는 기종 중 하나였어서, 사고로 인해 이들의 운항 중단이 결정되면 실적 또한 안 좋아질 것이 분명한 상황이었습니다. 실제로 2019년 보잉의 항공기 인도 실적이 반토막 나며 경쟁사 에어버스에게 1등 자리를 내어주었습니다. 정확히는 연간 항공기 인도 실적 기준으로, 시장점유율이 50%에서 30%로 급격히 내려갔습니다.

다시 한번 점검해봅시다. 제가 보잉에 투자한 이유는 전세계 민간 항공기의 절반을 만드는 회사였기 때문입니다. 하지만 이 이유가 훼손되었고, 결국 저는 더 유망해 보이는 종목으로 환승을 택했습니다. 시간도 돈도 한정적이었던 저로서는, 언제 해결될 지 모를 문제를 마냥 기다리기보다는 가까운 시일 내 호재가 있을 종목을 찾는 것이 좋은 선택이었습니다.

그러다 2019년 5월. 제 눈에 디즈니가 들어오기 시작했습니다. 디즈니가 넷플릭스에 컨텐츠를 공급하는 것을 중단하고 직접 미디어 스트리밍 시장에 뛰어든다는 소식을 들었기 때문입니다. 즉, 디즈니의 〈어벤져스〉 〈겨울왕국〉 〈아이언맨〉 등 유명한 컨텐츠들을 볼 수 있는 플랫폼을 직접 만들겠다는 당찬 포부였습니다.

특히 저는 디즈니의 대표작 〈어벤져스〉 시리즈의 광팬이었기 때문에 이 소식에 더 솔깃해질 수밖에 없었습니다. 사실 당시 미디어 스트리밍 사업에 뛰어든 기업이 한두 곳이 아니었지만, 막상 강력한 컨텐츠를 가진 기업은 없어 이 사업에 큰 기대감은 없었습니다. 하지만 컨텐츠 제국이라 불리는 디즈니라면 충분히 기대해볼 만하다라는 생각이 들었습니다. 더 솔직히는 디즈니가 이길 수밖에 없는 싸움이라고까지 생각했습니다.

그렇게 저는 보잉 주식을 팔고 디즈니 주식을 샀습니다. 물론 처음에는 보잉에 투자하며 들인 시간과 노력이 생각나 선뜻 매도 버튼에 손이 가지 않았습니다. 2년 동안 돈이 생길 때마다 계속 사 모았을 정도로 좋아하는 주식 중 하나였기 때문입니다.

그렇지만 그때 제 머릿속에 질문 하나가 떠올랐습니다. '내가 지금 돈 천만 원이 생기면 과연 둘 중 어디에 투자할까?' 이 질문으로 저는 단 1초의 망설임 없이 디즈니에 투자하기로 결정했습니다. 단지 과거에 들였던 시간과 노력이 아깝다는 이유만으로 보잉을 들고 있는 제 자신이 바보 같이 보이기도 했습니다.

당시 과감히 결단을 내린 덕분에 이후 펼쳐진 상승장에서 소외되지 않을 수 있었습니다. 그 이후로도 계속 부진한 성과를 보여준 보잉과 다르게 디즈니 주식은 무럭무럭 자라났기 때문이죠. (물론 중간에 코로나로 인한 큰 하락장은 디즈니도 피해갈 수 없었으나 훨씬 빠른 회복 속도를 보여주었습니다) 덕분에 보잉 투자로 인한 손실도 만회할 수 있었습니다.

투자를 결심하게 한 핵심적인 이유가 사라졌는데 굳이 그 주식을 들고 있을 이유가 있을까요? 손실을 최소한으로 하고, 더 높은 수익률이 기대되는 유망한 종목으로 갈아타 는 것이 낫지 않을까요? 그리고 만약 매력적으로 보이는 종 목이 두 개가 있다면, '앞으로 3개월 동안 누가 더 많이 오 를까?' 고민해보면 됩니다. 기간을 3개월로 잡은 것은 기업 별 실적 발표 일정이 분기마다 있기 때문입니다.

즉, 다음 실적 발표 때 더 좋은 소식을 들려줄 만한 기업을 찾는 것입니다. 이를 우리나라 말로는 '호재가 있는 주식', 영어로는 '모멘텀이 있는 주식'이라고 표현하는데, 둘 중 더 많은 호재 혹은 모멘텀을 가진 쪽에 베팅을 해서 승리할 확률을 높이는 것이죠. 이러니 저러니 해도 장기적으로 주가는 결국 실적을 따라 움직이기 때문입니다.

환승 시점	환승 대상
투자한 이유가 훼손되었을 때	3개월 내 호재(모멘텀)이 있는 주식

성공적인 환승을 위해서는 빠른 상황 판단과 결단이 필요합니다. 택시 타고 가고 있는데 차가 꽉 막힌 것을 발견하면 빠르게 버스, 지하철로 갈아타야 하지 않을까요? 이동 시간을 훨씬 줄일 수 있을 테니 말이죠. 택시비가 아깝다고 결단을 내리지 못한다면 결국 약속 시간에 늦게 될 것입니다. 주식도 마찬가지입니다. 보잉의 주가도 결국 언젠가는 회복할 수도 있습니다. 그렇지만 우리의 시간은 한정적입니다. 시간을 아끼기 위해서라도 잘못된 선택이었다는 판단이 든다면 기존 종목의 보유 기간, 손실률과 상관없이 적극적으로 환승해야 합니다.

5
어장관리 전략
어떤 상황에도 소외되지 않는
구조 만들기

'애플 주식 하나만 계속 사면 안 되나?'

막 주식을 시작했던 시절, 이런 생각이 든 적이 있습니다. 애플은 워낙 유망한 기업인 데다가, 주가 역시 꾸준히 우상향하고 있었기 때문이었겠죠. 아마 이 글을 읽는 독자들 역시 꼭 애플이 아니더라도 비슷한 생각을 했을지도 모르겠습니다. 투자금을 이곳 저곳에 분산하기보다는 하나에 집중하여 확실한 수익을 내는 것은 확실히 매력적이니까요. 그런데 그것은 오히려 수익률 측면에서도, 멘탈 관리 측면에서도 그다지 좋지 않습니다.

2020년 3월 코로나로 인해 큰 시장 하락이 온 이후 대형 IT 주식들의 무서운 상승세를 보여줬습니다. 코로나로 인해 모든 것이 디지털화되면서 원래부터 유망하던 애플, 마이크로소프트, 페이스북 같은 IT 기업들이 더 주목을 받게 된 것입니다.

그런데 2020년 9월부터 대형 IT 주식들의 주가 상승세가 주춤하기 시작했습니다. 2020년 9월부터 2021년 3월까지 무려 6개월 동안 박스권에 갇혀 나오지 못하는 것이었습니다. 주가가 오를만 하면 내려가고, 내려갈 듯하면 다시 오르는 애매한 상태가 지속됐습니다.

[미국 대형 IT 기업들의 주가 차트(2020.6~2021.3) 출처: Stockcharts]

"애플 요즘 무슨 문제 있나요?"

제 유튜브 영상에도 이런 질문들이 많이 올라왔습니다. 돈을 버는 데 문제도 없고 여전히 전망도 좋은데 주가가 오르지 않는 것에 많은 사람들이 답답해했습니다. 차라리 모든 주식이 비슷한 상황이었다면 답답한 마음이 덜했을 거예요. '주가가 떨어지는 것도 아니고 조금 기다리면 오르겠지'라며 기다릴 수 있었을 테니까요. 그런데 문제는 마치 자신이 투자한 주식만 빼고 다 오르는 듯한 분위기였다는 것입니다. 코로나 백신이 본격적으로 등장하면서 그동안 외면받던 주식들이 치고 올라오기 시작했습니다.

예를 들어 코로나로 인해 지지부진하던 항공사 주식들은 백신이 나오면서 무서운 속도로 오르기 시작한 반면, 애플 주식은 그야말로 거북이처럼 엉금엉금 옆으로 기었습니다. 시장의 흐름이 지난 6개월 간의 모습과 180도 달라진 것입니다. 만약 이 기간 동안 애플에 몰빵한 투자자였다면 어땠을까요? 다들 웃고 즐기는 잔치 속에서 소외되지 않았을까요?

그런데 혹시 모를 상황에 대비해 항공사 주식을 절반 사두었다면 어땠을까요? 애플에 전부 투자한 경우, 항공사에 전부 투자한 경우, 애플과 항공사 주식에 절반씩 투자한 경우의 수익률을 비교해 보았습니다.

[애플과 아메리칸에어라인의 투자 비율에 따른 결과]

기간	수익률		
	전부 애플에 투자한 경우	전부 아메리칸 에어라인에 투자한 경우	애플과 아메리칸 에어라인에 절반씩 투자한 경우
2020.4~2020.9 (6개월)	85%	0%	42.5%
2020.10~2021.3 (6개월)	5%	95%	36.5%
2020.4~2021.3 (1년)	94%	94%	94%

공교롭게도 1년 전체 수익률로 보면 세 가지 경우에 큰 차이가 없습니다. 한 곳에만 투자하는 것이 수익률이 더 좋다는 오해를 풀어주는 사례입니다. 하지만 이보다 더 중요한 것은 애플과 아메리칸에어라인에 50%씩 나눠서 투자한 경우에, 1년의 투자 기간 중 어느 순간에도 소외감을 느끼지 않아도 됐다는 것입니다. 즉, 시장 분위기가 바뀌는 상황 속에서도 꾸준히 수익을 내는 기분이 계속 되는 것이죠.

이것은 제가 주식 투자를 시작한 이래로 단 한 순간도 시장을 떠나지 않고 남아있을 수 있었던 비결이기도 합니다. 비록 어떨 땐 그 속도가 느리지만, 어떤 상황 속에서도 제 계좌는 꾸준히 불어나고 있었습니다.

타이밍에 흔들리지 말자 ____

애플과 아메리칸에어라인을 두고 고민하는 상황에서, 사실 가장 이상적인 투자는 투자금 전부를 4월에 애플에 투자했다가 10월에 아메리칸에어라인으로 환승하는 것입니다. 이렇게 하면 애플과 아메리칸에어라인 두 종목에 대해 최대 수익을 올릴 수 있었을테죠.

하지만 이것은 그 타이밍을 정확히 맞출 수 있는 투자자만 할 수 있는 선택지입니다. 저를 비롯한 대부분의 투자자들에게는 불가능에 가까운 일이겠죠. 무엇보다도, 낮은 확률에 돈을 맡기는 일만큼 위험한 것 없습니다. 그래서 저는 그저 타이밍에 상관없이 이래도 좋고, 저래도 좋은 투자를 할 수 있는 구조를 만들고자 하는 것입니다.

저는 이런 투자 방법을 어장 관리 전략이라고 부릅니다. 혹시 모를 상황에 대비해 여러 군데에 발을 슬쩍 걸쳐 놓는 것입니다. 연애할 때는 한 사람에게 전부 투자하는 것이 맞습니다. 하지만 투자는 연애처럼 낭만적인 것이 아닙니다. 주식 투자할 때는 항상 다양한 가능성을 염두에 둬야 한다는 점을 기억합시다.

저는 어장을 크게 성장주, 가치주, 배당주로 나눕니다. 성장주는 현재 매출(이익) 성장률이 높거나, 향후 높을 것으로 예상되는 주식입니다. 번 돈의 대부분을 미래를 위한 재투자에 사용하기 때문에, 주가가 비싸도 배당률이 아주 낮거나 배당을 아예 주지 않는 편이죠. 기술, 친환경 주식이 대표적인 성장주입니다.

배당주는 성장이 어느 정도 정체기에 든 기업의 주식으로, 번 돈의 많은 부분을 주주들에게 배당금으로 나누어 줍니다. 성장에 대한 기대감이 낮아진 만큼 배당이라는 또 다른 기대 수익률을 만들어주어 투자자를 끌어 모으는 것입니다. 그렇기 때문에 배당률은 은행 예적금 시중금리 이상, 현재로 치면 2% 이상입니다. 담배, 통신 주식이 대표적인 배당주입니다.

가치주는 기업의 실제 가치 대비 주가가 저렴한 주식을 말합니다. 쉽게 말해 실적이 탄탄한데 어떤 이유로 저평가를 받고 있는 주식입니다. 주가는 결국 실적을 따라가기 때문에 이렇게 저평가 받을 때 미리 매수해 놓고 적정 평가를 받을 때까지 기다릴 수 있는 투자자들을 위한 주식입니다. 숨어 있는 보석을 찾아내기 위한 투자라고 볼 수 있습니다. 2020년에는 백화점, 패션 기업 등과 같은 유통이나 에너지 주식이 대표적인 가치주로 주목 받았습니다.

타이밍을 이용할 수 있다면 이용하자 ____

타이밍을 이용하여 투자하는 투자자에게도 이 어장 관리 전략은 유용합니다. 다른 사람들보다 먼저 시장의 변화를 눈치챌 수 있기 때문이죠. 예를 들어 주식 계좌 포트폴리오가 100% IT 주식들로만 구성되어 있다면 다른 업종의 주식들에 대한 관심을 서서히 잃어버릴 확률이 높습니다. 습관적으로 자신의 계좌에 들어있는 주식의 흐름만 계속 쫓게 되기 때문입니다.

그러다 어떤 주식이 급등했다는 소식이 들려오면 그 때서야 뒤늦게 다른 업종 주식에도 관심을 갖게 되죠. 이렇기 때문에 일부러라도 다양한 업종에 자신의 계좌를 노출시키면 좋습니다. 특정 종목에 그린라이트가 들어왔을 때 빠르게 분위기 변화를 감지할 수 있습니다. 타이밍을 잘 노리면 괜찮은 수익을 올릴 수도 있겠죠.

2021년 초 내가 배당주들의 상승 타이밍을 맞춘 것도 이 어장 관리 전략 덕분이었습니다. 2020년 말까지만 해도 시장에서 인기 있는 주식은 중소형 성장주들이었습니다. 애플, 구글 같은 대형 성장주들이 주춤하는 동안 에어비앤비, 유니티 등 중소형 성장주들은 2배, 3배씩 올랐기 때문입니다. 그야말로 중소형 성장주들의 축제 분위기였습니다. 제 관심 역시 다르지 않았습니다. 중소형 성장주들을 사면 며칠만에 주가가 시원하게 올라주니 투자금을 전부 그 쪽으로 넣고 싶은 유혹도 들었습니다. 그러나 그렇게 될 경우 최악의 상황, 즉 갑작스레 시장에 하락이 찾아올 경우 너무 큰 위험에 노출될 것이 뻔했습니다.

중소형 성장주는 주가가 하루만에 +10%, +20%씩 오르기도 하지만, 반대로 하루만에 -10%, -20%씩 떨어질 만큼 변동성이 심하기 때문입니다. 그래서 위험도가 높은 투자를 하는 만큼 안전을 위한 균형이 중요했습니다.

저는 배당이라는 안전마진이 받쳐주는 배당주를 총 투자금의 20%까지 가져가는 것을 원칙으로 삼았습니다. 그래서 당시 배당주로서 담배 기업 알트리아그룹을 매수했죠. 시가배당률이 무려 8%가 넘는 고배당주이자 코로나 위기 속에서도 배당을 계속 늘린 배당성장주였습니다. 비록 담배라는 사양 산업에 속하긴 했으나 기대를 많이 받지 못한 만큼 주가가 많이 오르지 않아 설사 시장 하락이 와도 큰 주가 하락은 없을 것 같았습니다.

신나게 오르던 것도 잠시, 2021년이 되면서 중소형 성장주들이 하락하기 시작했습니다. 예상했던 대로 반토막 나는 주식들이 속속 등장했습니다. 아직 이익이 없는 적자 기업들은 더욱 큰 타격을 입었습니다. 그런데 반대로 알트리아그룹이 효자 노릇을 하고 있었습니다. 상승세가 가파르진 않았지만, 혼자 +1%, +2%씩 계속 올랐습니다.

이 상승세가 계속되니 '어, 얘가 왜 이러지?' 라는 생각도 들었고, 그래서 배당주들을 유심히 살펴보니 알트리아그룹뿐만 아니라 엑슨모빌, AT&T 등의 대표 배당주들이 시장 대비 좋은 성과를 보이고 있었습니다. '아, 오랜만에 찾아온 배당주 장세구나!' 기쁜 깨달음과 동시에 저는 배당주 비중을 늘려나가기 시작했습니다.

하지만 당시 여전히 많은 사람들이 성장주에만 관심을 두고 있었습니다. 그도 그럴 것이 지난 1년간 성장주들의 랠리가 펼쳐졌으니 '배당주에 투자하면 바보'라는 인식까지 퍼져 있는 상황이었던 것도 사실입니다. 성장주에 비해 배당주는 주가가 크게 오르지 못했기 때문이었습니다.

아마 저도 알트리아그룹 주식이 아니었다면, '언제 회복할까'라며 중소형 성장주들의 주가 흐름에만 계속 집중했을 것입니다. 그런데 배당주 어장에 발을 걸쳐 놓은 덕분에 2021년부터 본격 펼쳐진 배당주 상승장에서 기회를 잡을 수 있었습니다.

[대표 배당주들의 주가 흐름(2021년 1분기) 출처: Stockcharts]

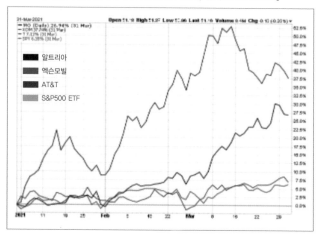

투자금을 각각의 어장에 얼마씩 배분하느냐는 사람마다 다릅니다. 20대 때부터 투자를 시작해 30대가 된 저는 지금까지 기본적으로 성장주 5, 가치주 3, 배당주 2의 비율을 유지하고 있습니다. 아직은 조금 리스크를 부담해도 되는 시기라고 생각하기 때문입니다. 하지만 성향에 따라, 혹은 나이대에 따라 비율은 충분히 다양하게 시도해볼 수 있습니다. 만약 제가 40대가 되어 조금 더 보수적인 투자를 하게 한다면 성장주 2, 가치주 3, 배당주 5로 조절할 예정입니다.

비교적 주가 변동성이 낮고 꾸준한 현금흐름이 나오는 배당주의 비중을 늘리는 방향으로 말이죠. 또 50대가 되었을 때는 성장주 1, 가치주 1, 배당주 8의 비율로 갈 것입니다. 그때쯤 되면 주가 상승보다는 배당이라는 현금흐름이 주식 투자의 목적이 될 수도 있기 때문이죠.

중요한 것은 이 비중이 흐트러지지 않도록 월마다, 혹은 분기마다 꾸준히 관리해주는 것입니다. 만약 특정 어장의 주식이 많이 올라 비중이 흐트러졌다면 천천히 다시 조절해주면 됩니다. 예를 들어 성장주 어장의 주가가 많이 올라 5:3:2였던 비중이 6:2:2로 바뀌었다면, 성장주의 일부를 팔고 가치주를 사서 5:3:2를 맞추면 됩니다. 이렇게 되면 성장주 장세든, 가치주 장세든, 배당주 장세든 언제든 시장에서 소외되지 않을 수 있으며, 시장의 흐름 변화를 빠르게 포착해내는 눈도 가질 수 있습니다.

제일 좋은 것은 언제 어떤 어장이 오르고 떨어질 지, 그 시장 타이밍을 잘 잡아 어장을 관리해주는 것이겠죠. 그렇지만 이것은 너무 어려운 일입니다. 그렇게 처음 정한 어장 배분의 기준이 시장 상황에 따라 뒤죽박죽 움직이지 않도록 잘 관리해주는 것, 이것이 우리 투자자가 할 수 있는 가장 안전한 위험관리 방법이 될 것입니다.

6
자리맡기 전략
돈 벌 기회 미리 챙기기

　공연이 시작되기 전, 좌석을 보면 미리 자리를 맡아 놓는 사람들이 있습니다. 이 사람들은 어떤 자리에서 봐야 공연이 가장 잘 보이는지 알고 있는 사람들입니다. 반면 뒤늦게 공연이 시작되고 나서야 '자리 좀 미리 맡아 놓을 걸' 후회하는 사람도 있습니다. 하지만 그 때는 이미 좋은 자리를 맡을 골든타임이 지난 뒤입니다. 누가 더 공연을 즐겁게 봤는지는 말하지 않아도 알 수 있겠죠.

　주식 시장도 마찬가지입니다. 조금만 부지런하게 행동하면 남들보다 더 높은 수익을 얻을 수 있습니다. 즉, 앞으로 있을 중요한 일정을 미리 체크해 놓고, 그 날이 오기 전 미리 주식을 매수해 두는 것입니다. 대부분의 투자자들은 사건이 일어난 후에 부랴부랴 주식을 사기 때문에 며칠만 더 일찍 사는 것만으로도 큰 효과를 볼 수 있습니다.

1. 배당락일 챙기기 ___

첫 번째 자리맡기 전략은 배당락일 하루 전 미리 주식을 매수해 두는 것입니다. 배당락일 하루 전에만 주식을 보유하고 있으면 해당 분기 배당금을 받을 수 있기 때문입니다. 예를 들어 코카콜라의 배당락일이 4월 1일이라면 하루 전인 3월 31일에만 코카콜라 주식을 보유하고 있으면 됩니다. 그리고 늦어도 한달 내 주식 계좌로 배당금이 달러로 들어옵니다. 마치 보너스처럼 말이죠.

그러나 배당락일 당일인 4월 1일에 매수하면 해당 분기 배당금을 받지 못합니다. 그날 매수한 사람은 다음 분기까지 기다려야 합니다. 단 하루 차이로 배당을 받느냐, 받지 못하느냐, 투자자 운명이 달라지는 것입니다.

가끔 어떤 주식을 오늘 사려고 했는데 미리 체크하지 않아 배당락일이 지나서 사는 경우가 있습니다. 이러면 아쉬운 마음에 땅을 칠 수 밖에 없죠. 그래서 저는 배당락일 캘린더까지 만들어 월마다, 주마다 체크하고 있습니다. 다음 그림과 같이 월간 캘린더에 관심 기업의 배당락일을 정리해 두고, 그림과 같이 매주 쓰는 다이어리에 또 한번 배당락일을 적어 놓치지 않도록 챙기고 있습니다.

4월 미국 우량주 배당락일 캘린더

2021

월	화	수	목	금
			1	2
5 시스코(CSCO) JP모건(JPM) 달러 제네럴(DG)	6 컴캐스트(CMSCA)	7 오라클(ORCL)	8 버라이즌(VZ) AT&T(T) 마스터카드(MA) 제너럴 다이내믹스(GD)	9
12 아메리칸타워(AMT)	13	14 액티비전블리자드(ATVI) 애보트(ABT) 애브비(ABBV)	15	16
19	20 로우스(LOW) 조에티스(ZTS)	21	22 CVS헬스(CVS) 피앤지(PG)	23 캐터필러(CAT)
26	27	28	29 모건스탠리(MS)	30

[배당락일 월간 캘린더 예시]

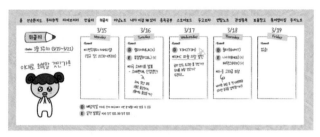

[배당락일 주간 캘린더 예시 (D는 배당락일)]

　　물론 배당락일 자리맡기 전략을 사용할 때 주의해야 할 점이 있습니다. 배당락일은 배당 받을 권리가 사라지는 일이기도 합니다. 즉, 배당주로서는 큰 충격을 받는 날입니다. 그 충격 때문에 배당락일 당일 주가가 하락으로 출발하기도 합니다. 이후 주가가 회복되는 기간은 기업마다 다른데, 당일 바로 회복되는 주식도 있는 반면 수 개월에 걸쳐 천천히 회복되는 주식도 있습니다. 그렇기 때문에 배당락일만으로 종목을 매수하기보다는 충분히 유망한 종목을 선정한 후에 배당락일 자리 맡기 전략을 활용하시는 것이 좋습니다.

　　단순히 자리를 맡는 것 외에도 배당락일은 여러 주식들 중 어떤 주식을 사야할지 답을 주기도 합니다. 예를 들어

2021년 3월 제가 눈여겨보는 배당주 리스트에는 알트리아 그룹, 록히드마틴, AT&T가 있었습니다. 세 주식 모두 가까운 시일 내 좋은 소식들이 기다리고 있는 종목들이었죠.

[배당주 쇼핑리스트 후보(2020년 3월)]

기업	배당률 (1년)	기대되는 좋은 소식들
알트리아그룹 (MO)	8%	담배 산업은 정체되어 있으나, 대마초 사업이 기대됨
록히드마틴 (LMT)	3%	정부와 대규모 계약 체결, 우주 산업 성장성은 덤!
AT&T (T)	7%	5G 통신 투자 다시 시작, 미디어 스트리밍도 예상 밖 선전!

알트리아그룹의 경우는 대마초가 합법화에 따른 대마초 시장에 대한 기대감이 모이고 있었습니다. 록히드마틴의 경우 정부와 대규모 무기 개발 계약을 체결했을 뿐만 아니라, 우주 산업도 꾸준히 키우고 있었습니다. AT&T의 경우 2020년 코로나로 일시 중단되었던 5G 통신 투자가 다시 진행될 것으로 예상되었고, 새롭게 도전한 미디어 스트리밍 사업도 승승장구하고 있었습니다. 셋 중 어디에 투자해도 아쉬움이 없을 것 같은 상황이었습니다.

이 세 주식 중 무엇을 사면 좋을까 고민하던 중 마침 알트리아그룹 배당락일이 3월 24일인 것을 발견했습니다. 록히드마틴 배당락일은 2월로 이미 지났기 때문에 다음 5월까지 기다려야 했고, AT&T 배당락일은 다음 달인 4월에 예정되어 있었습니다. 즉, 배당 받을 목적이라면, 록히드마틴과 AT&T를 당장 살 이유는 없어 보였습니다.

그래서 저는 배당락일을 약 2주 앞두고 있던 알트리아그룹에 투자하기로 결정했습니다. 배당락일 하루 전인 3월 23일까지 돈이 생길 때마다 알트리아그룹 주식을 계속 사모으고 했죠. 덕분에 오래 기다릴 필요 없이 한 달 만에 기분 좋게 알트리아그룹 배당 소식을 들을 수 있었습니다.

2. 실적발표 챙기기 ——

두 번째 자리 맡기 전략은 실적 발표 전에 미리 주식을 사두는 것입니다. 실적 발표는 주로 1, 4, 7, 10월에 이뤄집니다. 그렇기에 이 시기는 미국주식 투자자들에게 매우 중요한 시기입니다. 애플, 아마존, 넷플릭스, 테슬라 등 대부분의 유명 기업들이 이 기간에 실적을 발표합니다.

실적 발표 일정이 중요한 이유는 기업이 돈을 잘 벌었는지 성과를 볼 수 있기 때문이고, 또 앞으로 돈을 잘 벌 것인지 전망도 엿볼 수 있는 것은 물론입니다. 그동안은 주가가 사람들의 기대감에 따라 움직였다면, 이제 실적이 반영되어 주가가 변하는 중요한 시점인 것입니다.

문제는 실적 발표 결과가 나온 후에 주식을 사려고 하면 늦는 경우가 많다는 것입니다. 실적이 잘 나왔다는 것이 밝혀지는 순간 투자자들이 단숨에 몰려들어 주가가 급등하기 때문입니다.

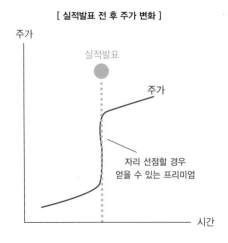

[실적발표 전 후 주가 변화]

실적 발표 시기에는, 그 전에 기업의 실적을 어느 정도 예상해 사두는 것으로 미리 자리를 선점하는 것이 좋습니다.

그러면 다른 투자자들이 몰려와 너도 나도 웃돈을 주고 사려고 할 때 여유롭게 지켜보거나, 웃돈을 받고 팔고 나올 수 있습니다. 쉬운 일은 아닙니다. 우선 실적 발표 전 미리 자리를 선점하여 좋은 성과를 낸 사례를 이야기해 볼게요.

2020년 8월 어느 날, 저는 남편과 운동화를 사기 위해 나이키 매장으로 향했습니다. 코로나가 한창 유행하던 시기라 어디 놀러 가지도 못하고, 밤마다 한강 한 바퀴 도는 것이 유일한 낙이었기에 기분 낼 겸 운동화나 하나씩 맞추려고 갔었죠.

남편과 저는 운동화를 사러 가면서도 '이번 나이키 실적 어떨까?' 이야기를 나눴습니다. 천하의 나이키가 직전 분기에 적자 실적을 냈기 때문이었죠. 매장에 사람 하나 없이 횡할 것만 같은 느낌도 들었습니다. 그런데 웬걸 막상 매장을 가보니 많은 사람들로 북적이는 것이었습니다! 연예인 걱정은 하는 것 아니라고 하던데, 비슷한 의미로 대기업 걱정은 안해도 되는 것이었죠.

"뭐지, 사람 많은데?"

저희는 운동화를 하나씩 장만한 뒤 곧장 집에 와 나이키에 대해 찾아보기 시작했습니다. 그리고 처음 걱정과 달리 나이키의 인기가 여전하다는 것을 알게 됐습니다. 몇몇 오프라인 매장이 문을 닫기는 했지만 그로 인해 비워진 부분을 온라인 판매가 메워주고 있었던 것이었습니다. 수요 자체가 줄어든 것은 아니었죠.

게다가 며칠 전 나이키 운동화 리셀resell로 돈을 꽤 쏠쏠하게 벌고 있다는 친구의 이야기가 떠올랐습니다. 리셀은 나이키의 한정판 운동화를 빠르게 사서 비싸게 되파는 것을 말하는데, 인기 있는 모델은 정가에서 2배, 3배 높은 가격에도 팔릴 정도라고 합니다. '다들 도대체 돈이 어디서 나오는 걸까?' 이런 궁금함도 잠시, 이 정도로 나이키 운동화 붐인데 다음 분기 실적이 잘 나올 거라는 강력한 예감이 들었습니다.

저는 곧장 나이키 실적 발표 날짜를 체크했습니다. 마침 다음 달인 9월에 실적 발표가 예정되어 있었죠. 그 다음은 주가를 자세히 확인했습니다. 나이키의 주가는 2020년 3월 저점을 찍은 이후 이전 고점까지 회복하지 못하고 있었습니다. 즉, 지금 사면 적어도 비싸게 주고 사는, 이른바 호구 당하는 일은 아닐 것 같았습니다. 어느 정도 확신을 갖게 된 저는 곧장 나이키 주식을 사 모으기 시작했습니다.

[나이키 주가 차트(2020.1~2020.7)]

정말 신기한 일은, 나이키 주가가 슬금슬금 오르기 시작
했다는 것입니다. 실적 발표를 한 달 이상 앞두고 있었는데
도 말이죠. 다들 저희처럼 나이키 매장에라도 가본 것일까
요? 투자자들이 나이키 주식을 매수하려는 움직임이 조금
씩 보이기 시작했습니다.

[나이키 주가 차트(2020.7~2020.9)]

실적 발표 당일에는 다행히 예상대로 실적이 잘 나왔습니다. 그리고 주가는 마치 기다렸다는 듯이 10%나 급등했죠. 당시 투자자들 중 나이키의 존재를 잊고 있었던 이들은 뉴스를 보고 나서야 '무슨 일이냐'며 관심을 보이기 시작했습니다. 조금이라도 벌어볼려고 뒤늦게 따라 사는 투자자들도 있었겠죠.

하지만 주가가 한번에 많이 올라버린 탓에 그 이후로는 큰 상승도 하락도 없는 상태가 지속되었습니다. 즉, 뒤늦게 따라 산 투자자들은 다음 상승장이 오기까지 약 2달을 기다려야만 했습니다. 반면 저는 일찍 자리를 선점한 덕분에 나이키 주식을 싸게 살 수 있었고, 급등했을 때 일부 매도하여 시세 차익까지 누릴 수 있었죠.

〔심화학습〕주요 미국 기업 행사들 ___

[이런 행사들은 주가에 적지않은 영향을 줍니다]

기업	행사	일정
애플	신제품 발표 행사	신제품 출시할 때마다
	세계 개발자 회의	6월
테슬라	배터리 데이	9월
페이스북	페이스북 개발자 컨퍼런스(F8)	5월
구글	구글 개발자 컨퍼런스(I/O)	5월
마이크로소프트	마이크로소프트 개발자 컨퍼런스 (Build)	5월
아마존	블랙 프라이데이	11월
드래프트 킹즈	스포츠 경기 (March Madness, NBA 등)	3월~12월
디즈니	인베스터 데이	12월

실적 발표말고, 또 주가에 영향을 미치는 시기가 있을까요? 기업별로 다르지만 실적 못지않게 중요한 행사들이 있습니다. 예를 들어 애플은 발표 행사를 통해 아이폰, 아이패드 등 신제품을 소개합니다. 만약에 이 때 공개된 내용이 투자자들의 기대를 뛰어넘는다면 주가가 오르기도 하지만, 반대로 기대치에 못 미치는 수준이라면 주가가 떨어지기도 합니다. 사실상 실적 발표 못지않게 중요한 행사인 것입니다.

또 다른 예시로 미국에서는 매년 11월말에 블랙 프라이데이 행사가 열립니다. 1년 중 가장 큰 폭의 세일 행사가 열리는 시즌으로, 미국뿐만 아니라 전 세계 해외 직구족들이 아마존으로 몰려들죠. 행사의 흥행 여부가 사실상 4분기 아마존 실적을 결정짓는다고 해도 과언이 아닙니다.

이처럼 애플 신제품 발표나 블랙 프라이데이 같은 행사는 눈여겨볼 필요가 있습니다. 이 행사가 성공적일 것 같다면 행사가 있기 전 최소 일주일 전 미리 주식을 사두는 것도 좋습니다. 특히 이런 행사들까지 챙겨보는 투자자는 많지 않기 때문에 남들보다 조금 더 수익을 낼 수 있는 좋은 기회가 될 수 있습니다.

물론 모든 기업들의 행사 일정을 챙겨 볼 수는 없을 것입니다. 저 역시도 처음에는 기업별 실적 발표 일정을 챙겨보는 것만으로도 벅찼으니까요. 다만 몇몇 중요한 행사들은 실적 발표 못지않게 주가 흐름에 큰 영향을 미친다는 점은 기억해두시면 좋습니다. 적어도 관심 두는 기업의 행사만큼은 미리 캘린더에 적어 두고 챙겨보는 습관을 길러보세요. 적어도 모든 행사가 끝나고 뉴스에 정리되어 나올 때쯤 뒤늦게 올라타는 실수는 피할 수 있을 것입니다.

5장

주식 투자하면서
꼭 챙겨야 할 마인드 3가지

1
단기적인 주가 변화에
너무 신경 쓰지 말기

장기적으로 뛰어난 투자 성적을 얻으려면,

단기적으로 나쁜 성적을 견뎌내야 한다.

_찰리 멍거

"어제 애플 주가 왜 떨어졌나요?"

"어제 구글 무슨 일 있었어요?"

앞서도 한번 얘기했지만, 저는 주식 유튜브를 하면서 이런 유형의 질문을 가장 많이 받았습니다. 저도 처음에는 주가를 움직이는 명확한 이유가 있을 것이라 생각했습니다. 마치 완판된 옷을 발견하고, '왜 품절됐지?' '아하, 연예인이 입고 나왔구나!'라는 식의 명확한 원인과 결과를 찾았던 것처럼요. 그런데 사실 주가라는 것은 하루 이틀 단위로 오르내리는데 매번 그런 특별한 이유가 있을 리가 없을 것이라는 생각도 들었습니다. 때로는 아무 이유 없이도 주가가 오르거나 떨어지는 곳이 주식 시장이기 때문이죠.

물론 뉴스에서 그럴듯한 이유를 분석해주기도 합니다. 그렇지만 딱 3개월만 관찰해보면 뉴스는 항상 뒤늦게 이유를 갖다 붙일 뿐이라는 것을 알 수 있습니다. 분명 과거에 알려진 소식인데, 주가가 오르면 마치 최근 소식처럼 재조명하는 것처럼 말이죠.

예를 들어 2021년 4월 어느 날, 반도체 기업 엔비디아의 주가가 크게 오른 적이 있었습니다. GPU를 만드는 회사인 엔비디아가 CPU 시장에 진출한다는 것이 그 이유였죠. 뉴스에서는 이 소식을 아주 크게 다루었는데, 저는 어리둥절할 수밖에 없었습니다. 엔비디아가 CPU 시장에 진출한다는 소식은 이미 2020년 9월부터 알려져 온 사실이었기 때문입니다. 주가가 오르지 않을 때는 관심이 없다가, 막상 7개월 뒤쯤 주가가 오르니 뉴스에서 큰 소식으로 다룬 것이었습니다. 뉴스는 뒤늦게 이유를 갖다 붙이는 것이라는 걸 다시 한

번 확인해줄 뿐이었습니다.

그래서 저는 이런 뉴스에 딱히 큰 의미를 부여하지 않으려고 합니다. 특히 어제 오늘 주가가 떨어졌다고 해서 나온 뉴스라면 더욱 그렇습니다. 어차피 오를 주식이니, 지금 조금 떨어진다고 해도 호들갑을 떨 필요는 없습니다. 장기적인 전망만 유효하다면 그런 소음들은 조금 모르고 살아도 괜찮습니다.

이런 소음들은 투자 수익률에도 아무런 도움이 되지 않습니다. 하나의 예시로, 저는 2020년 4월 반도체 장비 기업 램리서치LRCX를 소개하는 영상을 올린 적 있습니다. 램리서치는 제가 한 영상의 단독 주제로 선정해 소개했을 만큼 유망하게 보는 기업이었습니다. 그런데 2020년 8월, 미국과 중국 사이의 무역 갈등이 심해지면서 램리서치에 불똥이 튀기 시작했습니다. 정부에서 미국 반도체 장비 기업들의 중국 수출을 제한한다는 소식이 들려왔기 때문입니다. 뉴스에서도 이런 방향으로만 램리서치를 다뤘습니다. 그래서 램리서치 주가가 하락하기 시작했고, 유튜브 영상에는 "램리서치 주가 왜 이러나요"라며 걱정하는 댓글이 달렸습니다. 아무래도 램리서치 전체 매출의 약 30%를 중국이 차지하다보니 걱정이 들 수 밖에 없었을 겁니다.

[램리서치 주가 차트(2020.7~2020.9)]

그렇지만 다시 한번 생각해보면 미국 정부가 중국뿐 아니라 자국의 반도체 산업에 해가 될 결정을 내릴 리는 없었습니다. 특히 트럼프 정부는 극단적인 모습을 보여주었다가도 결국 원하는 바를 얻고 나면 극적인 타협을 이끌어내는, 이른바 쇼맨십에 강한 정부였으니까요. 이번에도 중국과의 무역 관계에서 주도권을 잡으려는 것일 뿐이라 생각했습니

다. 또한 반도체 기업들 역시 가만히 있지만은 않을 것이었습니다. 중국 외에도 한국, 대만이라는 거대한 반도체 시장이 남아있었기 때문입니다.

즉, 램리서치가 가진 반도체 장비 업계로서의 입지에 변화가 생긴 것이 아니었기 때문에 저는 당시의 나쁜 뉴스들은 불필요한 소음이라고 판단했습니다. 그리고 지금 램리서치 주식을 팔 이유가 없다고 생각했습니다. 램리서치의 뉴스들을 더이상 찾아보지 않기로 한 것이었죠. 차라리 그 고민할 시간에 밖에 나가서 산책이라도 하며 마음을 다른 곳으로 돌리는게 더 나았습니다.

다행히도 램리서치의 주가는 고작 한 달만 하락했습니다. 뉴스에서 크게 보도하던 미중 무역 갈등이 끝난 것은 아니었음에도, 이후 다시 승승장구했습니다.

물론 누군가에게 주가가 하락하는 그 한달을 견디는 것은 고역일수도 있습니다. 그렇지만 대부분 지나고 보면 신경 끄고 살다가 계좌 열어봤으면 아무 문제없이 쑥쑥 자라고 있을 주식입니다. 괜히 매일 매일의 주가 변화에 신경 쓰면서 팔지 말아야 할 주식을 파는 실수를 저질러서는 안 됩니다. 애초에 기업의 가치라는 것이 그렇게 하루, 일주일 단위로 변하는 것이 아니니까요. 주가는 그저 심리에 의해 변하는 것일 뿐입니다. 더불어, 그 심리에 휘둘리는 사람이라면 절대 주식 투자를 하면 안 된다고 이야기하고 싶습니다.

만약 자신이 산 투자 종목의 주가가 하락해서 걱정이 된다면, 다음 그림처럼 'Why 표'를 한번 그려보는 것도 좋은 방법입니다. 왜 이 주식을 샀는지, 하락하는 이유는 무엇인지 한 줄로 간단히 적어보면 됩니다. 만약 하락 이유가 주식을 산 이유에 크게 영향을 주지 않는 소식이라면 '단기' 악재로 구분해 놓고 뉴스 정도는 과감히 꺼버려도 좋습니다. 물론 '중장기' 악재인 경우에는 앞서 소개한 환승 전략을 적용해 매도 후 다른 종목으로 갈아타는 것을 고민해볼 수 있을 것입니다. 이렇게 자신의 종목에 대해 직접 적어보면, 그때그때 감정에 따르는 것이 아니라 훨씬 이성적인 매매를 할 수 있습니다.

[Why 표]

기업명	주식을 산 이유	주가가 하락한 이유	유형	뉴스
나이키	넘사벽 운동화 브랜드 가치	중국 네티즌들의 불매 운동	단기	Off
애플	프리미엄 스마트폰 브랜드 가치	아이폰 디자인이 생각보다 실망	단기	Off
램리서치	반도체 산업 호황	미중 무역전쟁으로 중국 수출 제한	단기	Off
보잉	해외 여행 수요 증가	전염병으로 인한 여행 금지	중장기	On
비욘드미트	식물성 고기 시장 선점	대기업들의 시장 진출	중장기	On

2
조급해하지 말기

$$\text{\small ...ıllı\$ıllll}$$

주식시장은 인내심 없는 사람의 돈을
인내심 있는 사람에게 이동시키는 도구다.
_워런 버핏

아이러니하게도 투자자로서 저에게 가장 큰 적은 주변
사람들이었습니다. 가족이나 친구가 어디에 투자해서 큰
돈을 벌었다고 자랑이라도 하면 마음이 조급해졌기 때문입
니다. 분명 2배 수익률로도 만족하고 있었는데 옆에서 3배,
4배 벌었다고 하면 괜스레 비교가 되는 것처럼 말이죠.

마음이 조급해지면 잘 지켜 온 투자 원칙도 잘 안보이게 됩니다. 2020년, 주식 시장에서 성장주들이 큰 인기를 끌던 때였습니다. 애플, 마이크로소프트, 페이스북 같이 실적이 뒷받침되는 대형 성장주들 뿐만 아니라 유망하지만 아직 적자를 벗어나지 못하고 있는 중소형 성장주들까지 주가가 크게 올랐습니다. 실적에 비해 주가가 과도하게 올랐다는 전문가들의 판단이 민망할 정도로 주가가 쑥쑥 오르니 오죽하면 기업 가치 평가 요소에 '꿈'을 넣자는 말이 나올 정도였으니까요. 기존의 가치 평가 방법으로는 현재의 주가를 도저히 설명할 방법이 없다는 것이었습니다. 쉽게 말해 1억 원짜리 벤츠가 5억 원에 평가받고 있는 상황인데, 이는 '앞으로 벤츠가 람보르기니의 자리를 뺏을 것이다'라는 꿈이 있어야만 가능한 일이었습니다.

이처럼 '꿈'이 반영된 주가의 흐름을 저 역시도 처음에는 말도 안 되는 것이라고 생각했습니다. 예를 들어 온라인 부동산 기업 오픈도어OPEN, 게임 개발 엔진 기업 유니티U, 자율주행차 라이다 기업 루미나LAZR, 이들 기업들은 상장한 지 6개월만에 많은 관심을 받아 그 주가가 2배, 3배씩 올랐습니다. 저 역시도 이들이 유망한 기업이라 생각해 초기에 투자하여 여유롭게 그 수익을 챙길 계획이었지만, 단기간에 과도하게 오른 것이라는 판단이 들어 계획보다 일찍 팔게 되었습니다. 그런데 이후에도 주변에서 '한 달 만에 2배 벌었다' '1억이 2억 됐다'는 소식이 계속 들려오니 슬슬 조급한 마음이 들었습니다. '내가 너무 빨리 팔아버린 걸까? 지금이라도 다시 잡을까?'하며 발을 동동 구르기 시작했습니다.

[오픈도어, 유니티, 루미나의 주가차트(2020). 출처: Stockcharts]

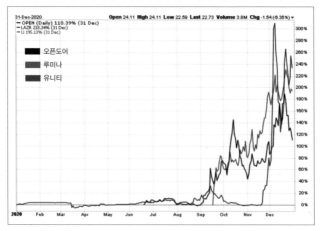

주변 사람들이 신나게 돈을 더 버는 것이 부러웠던 것일까요. 결국 저는 입장을 바꿔 다시 중소형 성장주들에 대한 투자금 비중을 늘리기 시작했습니다. 지금에서야 말할 수 있는 것이지만, 유행을 쫓아 투자한 것은 정말 큰 실수였습니다.

당시 시장에서의 유행은 ARK 펀드(자산운용사 ARK Invest 가 운용하는 펀드)를 통해 알 수 있었습니다. 성장주 투자로 2020년 미국 증시 상장 ETF 중 수익률 TOP5가 모두 ARK ETF였을 정도로 성과가 좋았기 때문에 많은 투자자들이 ARK에서 뭘 사고 뭘 파는 지만 계속 관찰하고 있었죠.

ARK에서 샀다고 하면 묻지도 따지지도 않고 사는 분위 기였으니 저도 자연스레 호기심이 생겼습니다. 사실 한 번 도 들어보지 못한 중소형 기업들도 많았고, 그만큼 공부가 더 필요하다는 것을 알면서도 지금의 상승 추세를 놓쳐서는 안 된다는 생각에 일단 돈부터 넣었습니다. 수익률에 눈이 멀어 잘 모르는 기업에 투자하지 않는다는 원칙이 흔들리는 순간이었습니다.

아니나 다를까, 2021년 2월부터 하락장이 찾아왔습니 다. 적자인 데다 기업 규모가 작아 움직임도 가벼운 중소형 성장주들은 특히 더 빠르게 추락했습니다. 대형 성장주가 -10% 빠졌다면 중소형 성장주는 -20%, -30%씩 빠졌습니 다. 결국 투자 초반에 벌었던 상승분은 물론 2020년에 벌었 던 돈까지 일부 반납해야만 했습니다. 조급한 마음에 끌려 다녀 잘 지켜오던 투자 원칙을 어김으로써, 스스로 화를 자 초하게 된 것이었죠.

물론 여기서 제가 투자했던 종목들의 성장성까지 부정하는 것은 아닙니다. 다만 유행을 쫓아 뒤늦게 올라탄 것이 문제였습니다. 주식 시장이 과열됐다는 사실을 더 중시했다면 천천히 다시 찾아올 기회를 기다렸을 것입니다. 최소한 1년, 2년은 잡고, 기다리는 시간 동안 차근차근 공부하며 정말 살만한 주식인지 신중하게 고민하여 결정을 내렸을 것입니다. 그렇지만 당장 내일, 일주일 뒤에 수익을 보고 싶다는 조급한 마음에 손실을 보는 실수를 저질렀습니다. '조급함'이라는 감정을 털어내지 못한 결과였습니다.

섣부르면 사도 손해, 팔아도 손해

조급한 마음에 섣부르게 사는 경우도 있지만, 섣부르게 팔아서 손해를 보는 경우도 있습니다. 2020년 12월 코스트코COST에서 특별 배당으로, 기본 분기 배당금 외에 1주당 $10의 추가 배당금을 지급한 적이 있습니다. 높은 배당금에 매력을 느낀 투자자들이 특별 배당을 받기 위해 코스트코 주식을 매수했답니다. 저 역시도 그랬고요.

배당락일이 되자, 자연스레 주가가 하락했습니다. 배당금을 받게 된 직후라서 당연했지요. 하지만 그 하락세가 생각보다 오래 지속되자 많은 투자자들이 불안해하기 시작했습니다. 괜히 배당 받으려다 그 이상의 손실을 보게 될 수 있었죠. 하락세는 2020년 12월부터 2021년 2월까지, 약 3개월이나 이어졌습니다. 그동안 투자자들은 불안해하다 결국 손실을 감수하고 코스트코 주식을 팔고 떠났습니다.

그리고 시간이 지나 많은 사람들의 머릿속에서 코스트코에 대한 관심이 사라질 때쯤, 코스트코 주가가 다시 오르기 시작했습니다. 2021년 3월부터 5월까지, 약 2개월 만에 배당락일 직전 고점까지도 회복한 것입니다. 애초에 실적이 너무 좋아 특별 배당을 지급했을 만큼 우량한 기업이었으니 주가 하락은 사실 시간이 해결해 줄 문제였으니까요. 그렇지만 당시 특별 배당을 받기 위해 코스트코에 투자한 사람들 중 주가가 회복할 때까지 참고 기다린 사람은 거의 없었습니다. 처음 투자할 때 '장기 투자할 것'이라 굳게 다짐한 투자자들조차 몇 개월간의 주가 하락을 견디지 못하고 주식을 팔아버렸습니다.

시간이 걸리는 투자는 신중하게 해야 합니다. 기다리는 동안 더 좋은 기회가 찾아올 수도 있고, 손실에 대한 불안 때문에 조급하게 팔아버리는 일도 빈번하기 때문입니다. 코스트코는 이러한 특징을 가진 대표적인 종목입니다. 사실 코스트코는 과거에도 여러 번 특별 배당을 했었고, 배당락일이면 어김없이 주가가 크게 하락했습니다.

[코스트코의 특별 배당금과 직후의 주가 하락]

배당락일	특별 배당금	배당락일 이후 하락률	배당락일 이후 하락 기간
2012.12.6	$7	−9%	1개월(2012.12)
2015.2.5	$5	−15%	6.5개월(2015.2~2015.8)
2017.5.8	$7	−17%	2.5개월(2017.5~2017.7)
2020.12.1	$10	−20%	3개월(2020.12~2021.2)

[코스트코, S&P500 주가차트(2011~2021)]

그렇지만 기간을 길게 두고 보면 주가는 꾸준히 우상향 해왔다는 것을 알 수 있습니다. 중간 중간에 있었던 주가 하락 역시 '이 또한 지나갈 일'이라고 생각하고 넘겼다면 S&P500 시장 수익률보다 더 좋은 성과를 거뒀을 수 있었 겠죠.

하지만 저를 포함한 많은 투자자들이 이것을 머릿속으로 는 알고 있어도, 정작 실행하지는 못합니다. 특히 갓 주식에 입문한 초보 투자자들이 그렇죠. 좋은 종목을 잘 골라 놓고 도 주가가 떨어진다는 이유 하나로 스스로의 판단에 의심을 갖기 시작하는 것입니다. 자기가 산 주식은 안 오르고, 다른 주식들만 신나게 오를 때 더욱 조급해집니다.

아무리 좋은 주식이라도 계속 오르기만 하는 주식은 없 습니다. 주식 시장은 단지 실적으로만 움직이는 것이 아니 라, 투자자들의 탐욕과 두려움으로도 움직입니다. 즉, 장기 적으로 우상향하다고 해도, 단기적으로는 과대평가 구간과 과소평가 구간을 만들게 됩니다. 그러니 실적이 탄탄한 종 목을 잘 골라 두었다면, 단기적인 주가 하락에는 겁먹지 마 세요. 10에서 20은 갈 기업인데, 잠시 8이 되었다고 해서 파 는 것은 너무 아까운 일 아닐까요? 나를 조급하게 만드는 소음을 차단하고 기업의 장기적인 실적에 집중하는 것, 그 것이 안전하게 확률을 높이는 가장 확실한 방법입니다.

3
투자자의 무기
현금흐름 만들기

월급이 들어오는 날, 저는 출근 버스에 타자마자 은행 앱을 켜곤 했습니다. 월급을 바로 증권 계좌로 이체해 미리 환전해 놓기 위함이었죠. 월급이 들어오는 날은 고민할 것도 없이 미국주식을 쇼핑하는 날이었습니다.

저에게 익숙했던 이 월급날의 행동이, 프리랜서인 친구에게는 부러움의 대상이었습니다. '나는 수입이 일정하지 않아서 너처럼 그렇게 계획적으로 투자할 수가 없다'고 친구는 말했죠. 그도 그럴 것이 프리랜서는 수입이 일정하지 않아, 한 달에 수천만 원을 벌기도 하지만 한 푼도 못 벌때도 있기 때문이죠. 즉, 언제 수입이 끊길지 모르기 때문에 돈이 있어도 마음 편하게 주식을 살 수가 없다는 것이었습니다. 괜히 투자했다가 혹시나 돈이 필요해지면 강제로 주식을 팔 아야할 테니까요.

지금 와 생각해보면 그 친구의 말대로 직장인 투자자로 서 가장 큰 무기는 월급이었던 것 같습니다. 주가가 떨어지 더라도 '어차피 다음 월급 받으면 또 사지 뭐'라며 의연하 게 대처할 수 있는 것은 물론이고, 매달 들어오는 월급으 로 관심 가는 주식들을 꾸준히 사 모을 수 있었죠. 즉, 지 속적인 현금흐름이 마음 편한 투자를 만들어주었던 것입 니다. 2017년에 미국주식을 시작했던 저는, 이후 2018년, 2019년, 2020년 매년 한 차례도 빠지지 않고 큰 하락장을 겪었습니다. 그래도 그 때마다 바로 이 월급 때문에 안정적 인 대응을 할 수 있었습니다.

2018년 말로 거슬러 올라가볼까요? 당시 가장 인기 있던 주식 중 하나였던 애플 주가가 무섭게 하락한 적이 있었습 니다. 새롭게 내놓은 아이폰 신형 모델이 시장의 기대치에 미치지 못하자, 애플의 투자자들이 '창업자 스티브 잡스가 떠난 애플에 더이상 혁신이 없다'라는 생각을 갖게 된 것이 그 이유였습니다. 언론에서도 매일 '애플은 끝났다' '아이폰 가격이 너무 비싸다'며 주로 애플을 헐뜯는 기사를 내보냈습니다.

무차별하게 떨어지는 애플 주가를 보며 저 역시 당황하긴 했지만, 이런 초우량 대기업 주식을 싼 값에 살려면 이정도 고통쯤은 감내해야 한다고 생각했습니다. 그동안 애플은 워낙 투자자들에게 인기가 많았던 종목이라, 주가가 크게 떨어지는 일이 없었는데, 이런 하락세는 정말 오랜만에 찾아온 기회라고도 할 수 있었습니다.

만약 세일 잘 안 하는 콧대 높은 명품 브랜드가 1년에 할까 말까 하는 바겐 세일을 한다면, 어떻게 해야 할까요? 그럴 때는 있는 돈 없는 돈 다 끌어서라도 가방을 하나라도 쟁여 두어야 하지 않을까요? 문제는 제 현금 잔고가 얼마 남지 않았다는 것이었습니다. 하필 시장 하락이 오기 전에 한껏 주식 비중을 끌어 올려놓은 탓이었죠.

'이 기회를 그냥 날려야 하나' 속상한 마음에 괜스레 지난주에 성급하게 이런 저런 주식을 샀던 스스로를 질책했습니다. 그렇지만 그것도 잠시, 보름 뒤가 월급날인 걸 확인하자 한결 마음이 편안해졌습니다. 오히려 '애플아, 내가 월급 받을 때까지 오르지 말아다오!'라고 빌기까지 했죠. 애플 주주지만, 애플 주가가 오르지 않기를 바라는 이상한 마음이 들었던 것입니다.

애플 주가는 3개월 동안 계속 하락했습니다. 이전 고점 대비 -30% 수준까지 하락했으니 시장의 분위기는 처참했죠. 애플 주식을 어떻게 할지 걱정하는 사람들도 늘었습니다. 그렇지만 저는 여전히 걱정하지 않았습니다. 애플 걱정은 그 쓸데없다는 연예인 걱정 같은 느낌이었죠.

하지만 아무리 사람들이 애플에 혁신이 없다고 욕을 해도, 애플은 여전히 돈을 잘 버는 기업이었습니다. 영업이익률만 봐도 경쟁사인 삼성전자보다 무려 2배 높았죠. 스마트폰 시장에서 많은 마진을 남기면서 잘 팔고 있는데, 신제품이 기대에 조금 못 미쳤다고 해서 과연 애플의 브랜드 가치가 깨졌다고 볼 수 있을까요? 애플 걱정 할 시간에 그 주식을 하나라도 더 싸게 사는 것이 투자자로서 해야 할 행동이 아닐까 싶습니다.

결론부터 말하면, 2018년 10월부터 12월까지 애플 주가가 하락하는 3개월 동안 저는 마치 적금 자동이체처럼 월급을 받을 때마다 애플 주식을 사 모았습니다. 월급 통장은 잠시 스쳐갈 뿐이었습니다. 이토록 월급 날짜가 기다려지던 시기도 없었던 것 같습니다. 세간의 우려와 달리 애플은 여전히 건재하다는 사실이 밝혀지는데 오래 걸리지 않았고, 이 기간을 놓치지 않은 덕분에 저는 3개월 만에 찾아온 애플 강세장을 마음껏 즐길 수 있었습니다.

만약 당시 수입이 불안정해서, 하락장에 대응할 무기가
없었다면 어땠을까요? 애플 주가가 이전 고점으로 돌아오
기까지 1년이 넘게 걸렸으니, 그야말로 최악의 시기를 보냈
을 것입니다. 그저 바라보다 끝나면 오히려 다행이었을지도
모릅니다. 아마 들고 있던 애플 주식을 몽땅 팔아야했을 수
도 있었겠지요. 1년째 마이너스 수익률이 찍혀있는 계좌를
보고 싶지 않았을 테니까요. 그렇지만 매월 꾸준히 들어오
는 월급 덕분에 위기를 기회로 바꿀 수 있었습니다. 조금 과
장해서, 마르지 않는 샘물처럼 계좌에 계속 돈이 흐르게 해
주었기 때문에 하락장에서 죽지 않고 다시 살아날 수 있었
던 것입니다.

현금흐름으로 만드는 투자의 선순환

현금흐름은 투자 시장에서의 승률을 높이기 위한 필수
준비물입니다. 현금흐름이 없다면 투자 리스크는 2배, 3배
늘어나게 됩니다. 주식 계좌에 더이상 새로운 유동성을 공
급할 수가 없게 되기 때문이죠. 쉽게 말해, 꾸준히 월급을

벌며 차근차근 기회를 잡아 수익을 올리는 것이 일반적이고 이상적인 직장인 투자자의 모습이라는거죠. 저 역시 월급으로 안전한 투자 승률을 달성할 수 있었습니다.

하지만 문제는 월급 받는 직장인 생활을 계속 할 수는 없다는 것이었습니다. 물론 사람마다 경제적 목표가 다르기는 하지만, 저 같은 경우는 회사를 다니면서도 이런 저런 부수입을 만들기 위한 다양한 시도를 했어야 하는 상황이었으니까요. 그리고 여러 가지를 고민해보고 또 시도해본 결과, 지금은 유튜브, 블로그로 부수입 만드는 것, 배당주를 사서 배당을 받는 것, 새로운 사업 소득을 만들어보는 것 등을 전부 다 하게 되었습니다.

제 현금흐름은, 이렇게 선순환 지도를 그리며 관리하고 있습니다. 각 현금흐름들이 별개의 것이 아니라 서로 좋은 영향을 미친다는 의미에서 '선순환 지도'라는 이름을 붙였습니다. 즉, 수입이 늘어날수록 투자금이 늘어나고, 투자금이 늘어나면 투자 승률이 높아지고, 투자 승률이 높아지면 그만큼 유튜브, 블로그 등으로 공유할 컨텐츠가 많아지는 것이니 그 또한 수입을 늘리는 데 도움이 되는 결과가 나옵니다.

이 글을 읽는 독자들 역시 직장을 다니든 사업을 하든, 혹은 건물주가 되어 월세를 받든 반드시 고정적인 현금흐름을 만들어놓고 주식 투자를 시작하기를 권합니다. 투자 승률을 높여주는 진정한 마음 편한 투자가 되는 길이 될 것입니다.

[미국주식 하면서 겪었던 세 번의 큰 하락장(2018~2020)]

맺음말

　2020년은 동학 개미 운동이라는 말이 매일같이 뉴스에 나왔을 정도로 주식 열풍이 불었던 한 해였습니다. 과연 이런 날이 또 올까 싶을 정도로 너도 나도 주식 투자를 했습니다. 주식 투자자를 도박이나 하는 사람으로 여기던 친구까지 결국 계좌를 만들고 테슬라 주식을 살 정도였으니 말입니다.

　그럼에도 불구하고 여전히 '주식 투자를 꼭 해야 하나요?' 라는 질문을 받곤 합니다. 결론부터 말하자면 꼭 해봤으면 좋겠다고 말하고 싶습니다. 물론 투자를 망설이는 이유는 알고 있습니다. 솔직히 말해 누구나 돈을 벌 수 있을 만큼 주식이 쉬운 것은 아니기 때문입니다. 그야말로 불안과 걱정의 연속입니다.

실제로 2021년 들어 많은 투자자들의 극도의 피로감을 느끼기 시작했습니다. 주식을 사기만 하면 오르던 2020년과 달리 2021년에는 주가가 크게 떨어지는 경험을 해야만 했기 때문입니다. 2020년에는 주식 시장 분위기가 워낙 좋다보니 '전업 투자자 할까' 진지하게 고민하는 투자자들도 많았지만, 그 다음 해에 쓴 맛을 보면서 그러한 생각을 접은 사람들도 많았습니다.

주식이라는 것은 결코 생각처럼 쉽지 않습니다. 몇 날 며칠 계좌에 마이너스가 찍히면 다 놓아버리고 주식 시장을 떠나고 싶다는 생각이 들기도 합니다. 그렇지만 저는 아무것도 하지 않고 마음 편한 길보다는 조금 불안하고 걱정스럽더라도 경제적 자유에 다가가는 길을 택했습니다. 미래에서도 돈에 끌려 다니는 삶을 살고 싶지 않았기 때문입니다.

실제로 주식은 내게 경제적 자유에 다가가는 첫 발걸음이 되어주었습니다. 주식 투자로 예상보다 빠르게 돈을 모을 수 있었고, 돈이 돈을 벌어오는 구조를 만들기 시작한 덕분에 은퇴 시기도 점점 더 앞당겨지고 있습니다. 40살이 되기 전 진정한 의미의 은퇴, 즉 일 하지 않아도 월급이 들어오는 구조를 만들어내고 싶습니다. 누구나 이 구조를 만들어내면 그 후에는 진정으로 자신이 원하는 일, 하고 싶은 일을 할 수 있을 것입니다.

자신의 미래에 대한 판단은 스스로의 몫입니다. 만약 주식 시장에 올라타기로 결심했다면 하루라도 빨리 시작해야 합니다. 주식에 대해 아무 것도 몰랐던, 가진 건 통장의 300만 원뿐이던 저도 시행착오를 겪으면서 해냈습니다. 처음의 막막함과 중간 중간 찾아오는 손실의 고통들만 잘 이겨낸다면(이 또한 지나가리라!) 누구든 좋은 결실을 맺을 수 있을 것입니다.

주린이가 자주 하는 질문
Top 11

1
미국주식
공부하는 방법

.....$.....

1. 산업 레포트 : 한경 컨센서스

(consensus.hankyung.com)

미국주식의 장점 중 하나가 '산업'을 알면 개별 종목에 대한 심층 분석 없이도 충분히 수익을 낼 수 있다는 것입니다. 왜냐하면 같은 산업에 속한 종목은 대부분 속도의 차이일 뿐 같이 움직이기 때문입니다. 예를 들어 반도체 산업이 좋으면 반도체 주식들이 다 같이 오르게 됩니다. 엔비디아, AMD, 삼성전자, TSMC 등이 한번에 오르는 경우입니다. 산업이 침체되어 있는데 개별 종목이 혼자 오르는 경우는 거의 없습니다.

즉, 산업에 대한 공부 없이 개별 종목을 고르는 것은 무의미할 수 있습니다. 그래서 관심 있는 산업을 공부해 놓고, 그 다음 개별 종목을 찾아보는 것이 성공 확률을 높이는 방법 중 하나입니다. 증권사에서 각 산업별 동향 레포트를 정리해주는데, 이 자료를 한 곳에서 모아 볼 수 있는 곳이 '한경 컨센서스'입니다. 한경 컨센서스는 다음처럼 접속하시면 됩니다.

Step1.
한경 컨센서스 메인 화면에서 '산업 REPORT'를 클릭.

Step2.

키워드 검색하기

검색 기간을 설정하고 관심 있는 키워드를 검색합니다. 업로드 된 지 1년 이상 됐지만 지금 읽어도 좋은 양질의 자료들도 많으니 기간을 길게 설정하고 쭉 훑어보는 것도 좋습니다.

Step3.

레포트를 고른다

작성일 ▼	제목 ▼	투자의견 ▼	작성자 ▼	제공출처 ▼	자료	첨부파일
2021-04-13	자동차-전기차 보급 확대를 기다리는 희망을 반도체	-	이건재	IBK투자증권		
2021-04-12	자동차 - 전기차 LG/SK 합의로 K-배터리 글로벌 지배력 강화	-	한병화	유진투자증권		
2021-03-24	자동차-루시드모터스 (Lucid): 먹서리 전기차를 만드는 미국 스...	-	송선재, 구성중	하나금융투자		
2021-03-22	자동차 - 전기차 수요 빅뱅 시작, K배터리 무려 과세	-	한병화	유진투자증권		
2021-03-12	자동차-섀시부스러 전기차로 꿰맞이되는 중소형 자동차 부품업체...	-	송선재	하나금융투자		
2021-03-05	자동차-전기차 배터리 화재 관련 흥정비용 분담 확정	-	이상현	IBK투자증권		
2021-03-05	자동차-리비안 (Rivian): RV에 집중하는 미국 전기차 업체	-	송선재	하나금융투자		
2021-03-02	자동차 - 전기차 모멘텀 확산 시작	-	유지웅	이베스트증권		
2021-02-25	자동차-현대차 전기차 화재 관련 대규모 품질비용 반영	-	이상현	IBK투자증권		
2021-02-10	자동차-기아 CEO 인베스터 데이: 전기차, 모빌리티 대변혁의 퓽...	-	이재일	유진투자증권		
2021-02-03	전기전자-2020년 전기차 및 이차전지 시장 결산	-	김지산, 오현진	키움증권		
2021-02-01	자동차 - 글로벌 전기차 성장률 전망치 상향	-	송선재, 구성중	하나금융투자		
2021-01-29	전기전자-12월 전기차/배터리 데이터	-	주민우	메리츠증권		
2021-01-07	에너지-미국 블루웨이브 확정, 전기차/수소차, 재생에너지 성장...	-	한병화	유진투자증권		
2021-01-04	전기전자 - 11월 전기차/배터리 데이터	-	주민우	메리츠증권		
2020-12-29	에너지-일본 탄소중립 산업별 목표 확정, 태양광력, 전기차, 수...	-	한병화	유진투자증권		
2020-12-03	자동차-현대차그룹의 전기차 품앗품인 E-GMP 공개	-	송선재	하나금융투자		
2020-12-01	전기전자-이우의 판세 변화로 전기차 시장 성장의 기울기 더욱 ...	-	정원석	하이투자증권		
2020-11-30	자동차-전기차 전용 플랫폼, 아이오닉 5 가 온다	-	소재산업재팀	대신증권		
2020-11-25	자동차-GM의 전기차 전략이 시사하는 점	-	송선재	하나금융투자		

관심 주제에 맞는 레포트를 고르는 일입니다. 이 화면은 '전기차'를 검색한 화면인데, 전기차 안에서도 여러 주제로 나뉘겠죠? 완성차, 부품(배터리, 반도체), 에너지 등 다양한 이야기가 나옵니다. 주제에 대해 입문하는 단계라면 가장 포괄적인 레포트를 먼저 읽어보는 것을 추천합니다. 전기차 산업 전체 동향 파악 후 세부 카테고리로 들어가시면 됩니다. 즉, '전기차 성장 전망' '전기차 모멘텀 확산 시작' 등과 같은 레포트를 골라 보시는 것으로 시작하시면 됩니다.

Step4.
레포트에서 필요한 부분 선별하여 읽기

Part I	Investment Summary	4
Part II	바이든 정부 전기차 정책 시행	8
Part III	아이오닉 5 출시: 국내 완성차 모멘텀 확산	17
Part IV	내연기관 업체들 vs 신규 진입자	25

기업분석

현대차 (005380)	30
기아차 (000270)	35
현대모비스 (012330)	40
현대위아 (011210)	45

한경 컨센서스는 우리나라 산업 레포트이다 보니 기업분석은 국내주식을 다루는 경우가 대부분입니다. 그렇다고 해도 앞단에서 산업 동향 분석할 때는 글로벌 이야기를 하지 않을 수 없는데요. 결국 우리나라 현대차, 기아차도 외국 테슬라, BMW, 니오 등 외국 완성차 기업들과 경쟁을 해야 하기 때문입니다. 따라서 미국주식 투자자로서 관심 있는 부분, 즉 글로벌 전기차 산업 동향을 파악하는 부분만 읽고 관심이 덜 가는 부분은 과감히 넘어가셔도 좋습니다.

2. 종목 레포트: 증권사 홈페이지 ____

국내주식뿐만 아니라 미국주식에 대한 투자자들의 관심도 높아지면서, 그만큼 증권사에서 제공해주는 자료들도 풍부해졌습니다. 특히 종목 레포트는 누구나 역시 유용하게 참고하는 자료입니다. 10페이지 이내로 개별 종목과 관련된 산업 동향과 실적 분석, 투자 의견까지 요약해주기 때문에 다방면으로 살펴볼 수 있습니다. 애플, 구글, 테슬라 같이 인기 있는 주식들 위주로 레포트가 나오긴 하지만, 간혹 중소형주까지 커버해주기도 합니다.

그렇다고 해서 레포트를 읽고 난 후 해당 종목을 바로 매수해서는 안됩니다. 보통 증권사 레포트가 나올 때쯤에는 이미 주가가 많이 올라 있는 경우가 많기 때문입니다. 다만 각 증권사 애널리스트들이 어떤 식으로 목표 주가를 산출하는지 그 근거들을 공부해두면 좋습니다. 다음 번 기회가 왔을 때 비슷하게 접근하여 레포트가 나오기 전, 즉 주가가 오르기 전에 기회를 잡을 수 있기 때문입니다.

다음은 신한금융투자의 홈페이지를 예시로 한 종목 레포트 접근 방법입니다.

Step1.

증권사 홈페이지 접속하기

예시: 신한금융투자 (www.shinhaninvest.com)

신한금융투자의 경우,

홈〉투자 정보〉글로벌 투자 전략〉해외 산업 및 기업분석
으로 들어가면 됩니다.

Step2.

관심있는 종목 레포트 조회하기

가장 최근에 어떤 레포트가 나왔는지 쭉 훑어보면 요즘
인기 있는 주식들이 눈에 보입니다. 만약 관심 있는 종목이
따로 있다면 '검색' 기능을 활용해봅시다.

Step3.

좋은 레포트 저장해두기

두고 두고 읽고 싶을 만큼 좋은 레포트는 PDF파일로 저장해두면 좋습니다. 저 역시 나중에 필요할 때 찾으려고 하면 잘 나타나지 않아 답답한 경우가 많았기 때문에 따로 폴더 안에 정리해두는 편입니다.

전문가들이 심혈을 기울여 만든 자료를 무료로 접근할 수 있다는 건 우리 투자자들에게 정말 좋은 혜택입니다. 미국 리서치 자료를 읽으면 영어를 한국어로 번역해야 하는데 그 수고로움도 덜 수 있습니다. 즉, 우리에게 주어진 이 기회를 잘 활용합시다!

3. 미국주식 유용한 웹사이트, 앱 정리 ____

미국에는 다양한 투자 정보 서비스들이 있습니다. 개인, 기관 할 것 없이 전 세계 투자자들이 모이는 시장인 만큼 정보에 대한 수요가 많기 때문입니다. 이 서비스들을 잘 활용한다면 고가의 장비로 무장한 기관 투자자들 못지않게 우리 개인 투자자들도 탄탄한 정보력을 갖고, 체계적으로 매매할 수 있습니다.

증권사 레포트만을 보고 매매해서는 안된다고 아까 얘기했었죠? 여러 투자 정보 서비스들도 마찬가지입니다. 하나만 보고 판단하기 보다는 최대한 다양한 정보를 접해보고 결정하는 것이 더욱 좋습니다. 다음은 제가 자주 유용하게 활용하고 있는 앱, 웹사이트 등 10가지인데요. 기능별로 분류해두었으니 하나하나 잘 살펴보시길 바랍니다.

No	서비스명	대표 기능	URL 주소
1	Seekingalpha	실적 분석, 배당 정보, 투자 아이디어	seekingalpha.com
2	Webull	관심종목 관리, 실시간 시세	webull.com
3	Finviz	시장 현황 파악(전광판), 종목 스크리닝	finviz.com
4	Yahoo Finance	차트(편리한 UI/UX)	finance.yahoo.com
5	Stockcharts	차트(정교한 기술적 분석)	stockcharts.com
6	Stocktwits	미국주식 실시간 트렌드, 커뮤니티	Stocktwits.com
7	Earnings Whispers	실적 발표 일정(캘린더)	earningswhispers.com
8	Investing.com	금리, 환율, 원자재 등 거시 경제 지표	investing.com
9	CNBC	뉴스	cnbc.com
10	ETF.com	ETF 정보	etf.com

4. 기업 실적 발표 자료 직접 확인하기 ————

　기업별 실적 발표 자료를 직접 확인하고 싶을 땐 어떻게 해야 할까요? 시장점유율이나 특허를 찾아봤던 것처럼 구글에 '기업명 + IR'을 검색해보세요. IR^{Investor Relations}이란 투자자를 대상으로 하는 기업 홍보 활동이라고 생각하시면 됩니다. 보통 검색 결과 맨 상단에 뜨게 되는데, 클릭해서 들어가면 공식 홈페이지 내 IR 카테고리로 연결됩니다. 기업이 투자자들로부터 자금을 조달하기 위해 만드는 일종의 이력서, 자기소개서인 것입니다.

[애플 공식 홈페이지 내 IR 자료실]

Financial Data

Quarterly Earnings Reports

2021　　2020　　2019　　2018

Q1
Press Release ›
Financial Statements ›
10-Q ⊕

Annual Reports on Form 10-K

2020 10-K ⊕ 　　　　　2019 10-K ⊕ 　　　　　2018 10-K ⊕ 　　　　　2017 10-K ⊕

IR 카테고리에서는 연도별, 분기별 실적 발표 자료를 다운로드 받을 수 있습니다. 10-K(연간 실적 보고서), 10-Q(분기 실적 보고서)라고 하는, 미국 증시에 상장된 기업이라면 누구나 제출해야 하는 공통 양식 보고서도 있습니다. 이는 미국 전자공시시스템^{EDGAR}에서도 동일하게 확인할 수 있는데, 입문자가 보기에는 어렵습니다. 단순 정보의 나열이기 때문이죠. 그럴 때는 프레젠테이션^{Presentation}, 대본^{Transcript} 녹음^{Webcast} 파일 자료를 참고하면 좋습니다. 실적과 관련된 숫자 데이터들이 그래프, 그림 등으로 시각화되어 있어 이해하기가 보다 편합니다.

2
언제 환전하면
좋을까?

환전은 환율이 쌀 때 미리 해두는 것이 가장 좋습니다. 매수를 해야겠다고 마음먹은 뒤 부랴부랴 환전을 하려고 하면, 하필 환율이 고점일 때 환전을 해야 할 수 있습니다. 그만큼 원화로 환산한 기대 수익률은 떨어질 수밖에 없습니다.

그렇다면, 환율이 얼마일 때 미리 해두는 것이 좋을까요? 절대적인 기준은 없습니다. 환율은 경제 상황에 따라 계속 오르락내리락 하는데, 환율 방향을 맞추는 건 사실 주가 방향 맞추는 것보다 더 어렵습니다. 시장보다 더 큰 세계정세를 복합적으로 고려해야 하기 때문입니다.

다만, 유연하게 환전 타이밍 기준을 잡는 방법이 있습니다. 최근 1년 환율의 평균값을 구해서 그보다 더 저렴할 때 사는 방법입니다. 이렇게 하면 적어도 최근 1년 동안 환전한 사람들 중에서는 싸게 환전한 편에 속하게 되는 것입니다. 예를 들어 최근 1년 환율 평균값이 1,150원이라면, 현재 환율이 1,150원 밑으로 내려갈 때마다 환전하는 식으로 말이죠. 만약 1,150원을 넘어간다면 환율이 1,150원 밑으로 내려올 때까지 조금 더 기다리면 됩니다.

　평균 환율은 우리은행 홈페이지 〈외환센터-환율-환율조회-기간별 평균환율조회〉에서 확인할 수 있습니다. 조회일을 최근 1년으로 기간 설정한 뒤, '매매 기준율'을 확인합니다. 다음의 경우 1,147원을 환전의 기준 값으로 삼을 수 있습니다.

[기간별 평균환율조회 화면. 출처: 우리은행]

네이버에 '환율'을 검색하여 오늘의 환율을 확인합니다. 다음 그림처럼 현재 환율이 1,129원으로 제 기준 값인 1,147원보다 더 저렴하니 지금은 환전하기 좋은 타이밍이라고 볼 수 있습니다.

[원달러 환율. 출처: 네이버 금융]

물론 기준 값보다 싸다고 해서 투자금을 한 번에 다 환전하지는 않습니다. 혹시나 환율이 더 떨어질 것에 대비해 조금씩 나눠서 환전을 하는 것입니다. 예를 들어 만약 100만 원의 투자금이 있다면, 25만원씩 총 네 번에 나눠서 환전을

합니다. 하필 내일 환율이 더 떨어지면 아쉬운 마음이 들 테니 말입니다. 주식 투자와 마찬가지로 환율도 저점, 고점을 알 수가 없으니 조금씩 분할 매수하며 시장 변화에 대응해나가는 것입니다.

그런데 만약 설정한 환전 기준 값 밑으로 환율이 내려오지 않는다면 어떻게 해야 할까요? 분명 그런 상황이 올 수 있습니다. 예를 들어 제 환율 기준 값이 2020년 3월 이전까지만 해도 1,180원이었습니다. 그런데 하필 코로나발 글로벌 경제 위기가 오는 바람에 환율이 거의 1,300원까지 치솟았습니다. 2020년 3월~7월까지, 약 5개월 동안 환율이 1,180원 밑으로 내려온 적이 없었습니다.

만약 제가 기존 환율 기준 값만 계속 고집하며 환전을 하지 않았다면, 좋은 주식을 살 기회를 놓쳤을 수 있습니다. 달러를 5% 비싸게 샀지만(1달러당 1,180원→1,250원), 그 기간 동안 나스닥 지수는 29%, S&P500 지수는 11% 올랐으니 수익률 측면에서 더 이득을 볼 수 있었습니다. 물론 가장 좋은 것은 환율이 치솟기 전 미리 환전을 많이 해두어서 충분한 달러를 들고 있는 것이겠지만, 보통 월급을 받는 등 돈이 생기는 대로 환전을 하니 이런 상황들을 많이 마주하게 되실 것입니다. 그럴 때 제 주식 투자 기대 수익률과 비교해 조금 비싸더라도 지금 당장 환전을 하는 것이 이득일 지, 혹

은 조금 기다렸다가 해도 늦지 않을 지 스스로 판단해보는
것이 좋습니다.

[S&P500과 나스닥 지수 수익률(2020.3~2020.7). 출처: Stockcharts]

그런데 혹시나 환전한 이후 환율이 너무 많이 떨어지지
않을까, 하는 걱정도 들 수 있습니다. 환율도 주식처럼 하나
의 투자이기 때문입니다. '환율이 갑자기 폭락하면 어떻게
하지? 그러면 주식 투자를 아무리 잘 해도 손해인 것 아닐
까요?' 즉, 환 투자에 대한 두려움으로 미국주식을 선뜻 시
작하지 못하는 것입니다. 물론 환율 때문에 오히려 손해를

보는 경우도 있습니다. 다만 그 걱정으로 미국주식 투자를 두려워하는 것은 마치 구더기 무서워 장을 잠그지 못하는 것과 같습니다.

최근 10년 간 환율이 움직인 범위는 1,000원~1,300원 사이였습니다. 즉, 아무리 싸져도 1,000원 밑으로 내려가지 않았고, 아무리 비싸져도 1,300원 위로 올라가지 않았습니다. 너무 싸져도 문제(수출 경쟁력↓), 너무 비싸져도 문제(수입 물가↑)이기 때문에 환율이 일정 범위를 벗어나면 국가 차원에서 관리를 하기 때문입니다. 이 말인즉, 아무리 최악의 경우라도 제가 손해를 보는 최댓값은 -23%로 제한되어 있다는 것입니다. 여기서 최악의 경우란 제가 1,300원에 환전했는데 환율이 1,000원까지 떨어진 경우를 말합니다.

[현재 환율과 환전 환율]

		환전 환율			
		1,000	1,1000	1,200	1,300
현재 환율	1,000	0%	-9%	-17%	-23%
	1,100	10%	0%	-8%	-15%
	1,200	20%	9%	0%	-8%
	1,300	30%	18%	8%	0%

그에 반해 제가 주식 투자로 수익률을 올릴 수 있는 건 23% 이상까지 무한정 늘어날 수 있습니다. 예를 들어 2020년 3월에 환율이 약 1,300원이 되었지만 2020년 12월에는 환율이 1,080원으로 떨어졌습니다. 만약 3월에 원화를 달러로 환전하고, 12월에 달러를 원화로 환전했다면 환차손으로 약 -15% 손해를 보았을 것입니다. 그런데 2020년 3월에 환전한 달러를 바로 나스닥 지수에 투자했다면 2020년 12월 약 50%의 수익률을 올릴 수 있었을 것입니다. 환차손을 제외하고도 남을 만한 이익이 생긴 것입니다.

그러니 손실이 어느 정도 제한되어 있는 '환율'에 대한 고민으로 미국주식 투자를 망설이기보다는, 설사 환차손을 보더라도 그 이상의 이익을 안겨줄 '기업'에 대한 고민을 더 하는 것이 더 나은 선택일 것입니다.

3
미국주식
세금은?

소득이 있는 곳에 세금이 있다! 주식이든 부동산이든 소
득이 생겼다면 당연히 세금을 내야 합니다. 미국주식은 국
내주식과 다른 방식으로 세금이 부과됩니다. 크게 양도소득
세와 배당소득세, 이 두 가지가 적용되는데요. 우선 양도소
득세란 주식을 사고 팔아서 남기는 차익, 즉 양도차익에 대
한 세금입니다.

예를 들어 A주식을 200만 원에 사서 300만 원에 팔았다
면, 양도차익은 100만 원이 되겠죠? 만약 주식을 팔지 않
고 갖고만 있다면 양도 차익에 포함되지 않습니다. 수익률

이 +100% 찍혀 있다고 해도 팔지 않았으니 과세 대상이 아닙니다. 미국주식은 이 양도소득세가 22%입니다. 즉, 100만 원을 벌면 제 손에 떨어지는 건 22만 원을 제외한 78만원입니다. 생각보다 적은 금액인가요?

그런데 다행인 것은 미국주식 양도소득세는 연 250만 원까지 비과세입니다. 즉, 내가 1년간 열심히 주식투자를 해서 1,000만 원의 양도 차익이 발생할 경우, 250만 원을 제외한 750만 원에 대해서만 세금을 내면 됩니다. 즉, 내야하는 세금은 750만 원의 22%인 165만 원입니다. 만약 1년 동안 번 돈이 250만 원이 되지 않는다면 세금을 낼 필요가 없습니다.

이 세금은 언제 내면 될까요? 납부 기간은 매년 5월 1일부터 5월 31일까지입니다. 1월 1일부터 12월 31일까지, 1년간 벌어들인 수익금에 대한 세금을 그 다음 해 5월에 내시면 됩니다. 배당소득세 얘기를 하기 전에, 미국주식 세금, 알뜰살뜰 절세할 수 있는 꿀팁 두 가지를 소개합니다.

1. 가족에게 증여하기 ⎯⎯⎯

우선 가족에게 주식을 증여하는 방법입니다. 가족 간 증여는 다음과 같이 세금이 면제됩니다.

[가족에게 증여할 경우의 금액]

구분	금액
배우자로부터 증여	6억 원
직계존속으로부터 증여	5천만 원(미성년자 2천만 원)
직계비속으로부터 증여	3천만 원
6촌 이내 혈족, 4촌 이내 인척	500만 원

만약 주식을 증여할 경우, 증여 받는 시점의 가격이 곧 매수 가격이 됩니다. 즉, 제가 1억 원 주식을 증여 받으면, 증여해준 사람이 그 주식을 얼마에 샀든 관계없이 저는 1억 원에 해당 주식을 매수한 것으로 인식됩니다. 그러니 증여 받자마자 바로 판다면 번 것이 없으니, 낼 세금도 없어지는 것이죠.

그렇다면 만약 제가 투자한 주식이 1억 원에서 2억 원으로 올라간다면 어떻게 될까요? 이 주식을 제가 직접 매도할 경우 양도 차익이 1억 원 발생합니다. 그렇지만 배우자에게 이 2억 원만큼의 주식을 증여한 뒤 2억 원에 매도하면 양도 차익이 0이 됩니다. 왜냐하면 증여 받는 시점의 가격인 2억 원이 매수 가격으로 인식되기 때문이죠. 이 경우에도 낼 세금이 없어집니다.

특히 배우자 증여의 경우 6억 원까지 증여가 되기 때문에 이를 잘 활용한다면 상당한 금액의 양도소득세를 절약할 수 있게 됩니다. 그 외에 최근 자녀에게 주식 계좌를 물려주는 사례도 많습니다. 자녀를 위한 주식 계좌를 만들고, 아이가 성인이 됐을 때 최대 5천만 원의 주식 계좌를 물려주는 것입니다.

2. 손실 난 주식 팔았다가 다시 사기 _____

두 번째 방법은 손실 난 주식을 팔았다가 다시 사는 방법입니다. 양도 차익은 이익에서 손실 난 부분을 제외하여 계산됩니다. 즉, 내가 주식을 사고 파는 과정에서 3,000만 원을 벌고 1,000만 원을 잃었다면 양도 차익은 2,000만 원이 되는 것입니다(실현손익).

그렇다면 현재 2,000만 원 손실 중인 주식은 어떨까요(미실현손익)? 만약 이 주식을 실제로 팔지 않으면 실제 손실로 인식되지 않습니다. 그저 증권사 어플 상에 -2,000만 원이라고 숫자로 찍혀 있을 뿐입니다. 즉, 양도차익은 여전히 2,000만 원이게 됩니다.

그런데 이 주식을 팔면 양도 차익은 0원으로 줄어들게 됩니다. 실제로 손실을 실현했기 때문지요. 만약 '곧 회복할 것 같아서 팔기 싫은데' 생각이 든다면 팔았다가 바로 다시 사면 됩니다. 물론 사고 파는 과정에서 매매 수수료가 발생하긴 하지만, 절세할 수 있는 금액이 더 크다면 그만한 가치가 있을 것입니다.

주의할 것은 양도 차익의 계산 기준이 1월 1일부터 12월 31일까지라는 것입니다. 즉, 그 기간 안에 매매가 체결되어야 +/- 합산이 됩니다. 보통 매매 주문이 들어가고 실제로 체결되는 데 3~4일 걸리기 때문에 미리 매매를 해두어야 합니다. 넉넉하게 1주일 전에는 매매 주문을 넣는 것이 안전할 것입니다.

배당소득세는 말 그대로 배당을 받으면 내야 하는 세금입니다. 미국주식의 배당소득세는 15.4%(배당소득세 14% + 지방세 1.4%)로, 양도소득세와 다르게 원천징수됩니다. 즉, 애초에 배당금이 통장에 들어올 때 세금을 떼고 들어옵니다. 만약 A기업이 제게 100만 원의 배당금을 지급했다면, 제 통장에는 배당소득세 15.4%를 제외한 85.6만 원이 들어옵니다. 그렇기 때문에 양도소득세처럼 연 소득을 합산하여 별도로 신고할 필요가 없습니다.

주의할 점은 배당소득은 '금융소득'에 포함된다는 것입니다. 예적금 이자와 같이 금융소득으로 묶이는 것입니다. 이

금융소득이 연 2,000만 원을 넘으면 다른 근로소득, 사업소득과 같이 합산하여 세금을 내야 합니다.

즉, 금융소득이 연 2,000만 원 미만이면 15.4%의 세금만 내면 됐지만, 그 이상 초과분에 대해서는 내 다른 소득과 합산하여 누진세율을 적용 받게 됩니다. 예를 들어 제 연봉(근로소득)이 4,000만 원인데 배당소득으로 3,000만 원을 벌었다면, 배당소득 2,000만 원까지는 15.4% 원천징수 세금을 내면 됩니다. 그리고 나머지 1,000만 원은 근로소득 4,000만 원과 합산되어 누진세율을 적용 받게 됩니다. 이 누진세율은 소득 구간에 따라 달라지는데, 16.5%~44% 사이에서 결정됩니다.

4
수수료 아끼는
방법이 없을까?

....ılıl$ıllı

미국주식 투자하면서 내야 할 대표적인 수수료가 두 가지 있습니다. 바로 매매 수수료와 환전 수수료인데, 이 수수료만 아껴도 알뜰하게 미국주식 투자할 수 있습니다.

우선 매매 수수료란, 주식을 사고 팔 때 내야 하는 수수료입니다. 일종의 중개료brokerage라고 보시면 됩니다. 매매대금에 수수료율을 곱하면 매매 수수료를 계산할 수 있습니다.

매매 수수료 = 매매대금 × 수수료율

만약 10만 원어치 주식을 사려는데 수수료가 0.1%라면, 100원의 수수료를 내야 합니다. 만약 이 주식을 같은 금액에 판다면, 또 100원만큼의 수수료를 내야 합니다. 즉, 10만 원어치 주식을 1회씩 사고 팔면 총 200원의 수수료를 내야 합니다.

▷ 살 때: 10만 원 × 0.1% = 100원
▷ 팔 때: 10만 원 × 0.1% = 100원

금액을 조금 올려서, 만약 1,000만 원어치 주식을 사면 수수료만 1만 원입니다. 사고 팔고 총 10번 거래하면 수수료가 금세 10만 원이 되죠. 즉, 주식 매매대금이 클수록, 더 자주 사고 팔수록 수수료를 더 많이 내야 하는 것입니다. 그래서 수수료 이상의 수익률을 낼 자신이 있는 것이 아니라면 너무 자주 사고 파는 것도 조심해야 합니다.

증권사별로 미국주식 매매 수수료가 다르다는 점 역시 중요합니다. 온라인 거래 기준으로 보통 0.25%인데, 요즘은 매매 수수료 할인 이벤트를 자주 진행하기도 합니다. 비대면으로 신규 계좌 개설하면 0.07%까지 지원해주기도 하죠. 이런 이벤트 기회를 잘 활용하면 업계 최저 수준의 수수료 혜택을 얻을 수 있습니다. 이벤트 진행 내용, 기간은 증권사

마다 다르니 가장 정확한 것은 각 증권사에 지금 진행중인 수수료 이벤트가 있는지 문의해보는 것이 좋습니다.

환전 수수료는 원화를 달러로, 달러를 원화로 교환하면서 내야 하는 수수료를 말합니다. 예를 들어 현재 기준 환율이 1,000원인데 환전 수수료가 10원이라면, 1달러를 사기 위해 1,010원를 지불해야 합니다. 반대로 1달러를 팔면 기준 환율 1,000원에서 수수료 10원을 제외한 990원을 받게 됩니다. 증권사에서 환전 수수료를 우대해준다는 것은 이 수수료 10원에 대해 할인률을 적용해주는 것이라고 보면 됩니다. 예를 들어 환전 우대가 90%라면, 10원의 90%를 할인한 1원만 수수료로 내면 됩니다. 즉, 1달러를 사기 위해 1,001원만 있으면 됩니다.

이 환전 수수료도 만만치 않습니다. 환전 수수료가 1달러당 10원이라고 하면, 1,000달러만큼 환전을 하기 위해서는 10,000원의 수수료가 듭니다. 그런데 수수료를 50% 할인받으면, 수수료가 5,000원으로 확 줄어들게 됩니다. 그래서 매매 수수료와 마찬가지로 각 증권사에서 진행하는 환전 우대 이벤트를 잘 활용하는 것이 좋습니다.

주의할 점은 이런 이벤트가 '환전 수수료'에 대한 우대 이벤트라는 것입니다. 애초에 수수료가 비싼 곳일 수도 있습니다. 예를 들어 A증권사 수수료는 20원, B증권사 수수료는 10원인데, A증권사에서 50% 환전 우대를 해준다고 해도(수수료 10원), 30%밖에 우대해주지 않는 B증권사보다 더 수수료가 비쌀 수도 있습니다(수수료 7원). 그래서 환전 우대율과 함께 1달러당 기본 수수료가 얼마인지도 함께 체크해주면 좋습니다.

알뜰살뜰하게 미국주식 하는 법, 바로 이 매매 수수료와 환전 수수료 우대 혜택을 잘 챙겨 받는 것입니다. 우리가 미국주식을 짧게 하고 말 것이 아니라면, 오래오래 혜택이 지속되는지도 꼭 체크해야 할 중요 포인트가 될 것입니다.

5
미국주식 시장이
열리는 시간은?

미국주식 시장은 현지 시간 기준 9:30~16:00, 한국 시간 기준 23:30~06:00에 운영됩니다. 한국 사람 입장에서는 밤에 잠을 자는 동안 시장이 운영되니 시장을 계속 지켜보며 대응해야 해서 불편하긴 합니다.

다만 오히려 시장을 계속 들여다보지 않으니 충동 매매도 안 하게 되고, 피로감도 덜하다는 장점도 있습니다. 특히 단기 트레이딩이 아닌 장기 투자를 하는 사람에게는 더 알맞다고 할 수 있습니다.

주의할 점은 3월~11월에는 한국 시간 기준, 미국주식 시장 운영 시간이 1시간 앞당겨진다는 것입니다. 즉, 운영 시간이 23:30~06:00이 아닌, 22:30~05:00가 되는 것입니다. 미국의 서머타임 제도 때문입니다. 서머타임 제도란 낮 시간이 길어지는 봄에 시간을 1시간 앞당겨 쓰고, 다시 낮 시간이 짧아지는 가을에 되돌려놓는 제도를 말합니다. 서머타임 제도가 시작되면 미국 사람들은 시계 바늘을 2시 → 3시로 조정합니다.

다시 말해 하루가 1시간 더 일찍 시작되는 것입니다. 그러니 서머타임 제도가 없는 우리나라 입장에서는 미국주식 시장이 23시 30분에 열리다가, 1시간 더 빠른 22시 30분에 열리게 되죠. 밤 12시가 되면 침대에 누워야 하는 한국 사람 입장에서는 1시간이나 시장을 더 보다 잘 수 있으니 좋을 수도 있습니다. 미국 서머타임 적용기간은 매년 3월 둘째주 일요일~11월 첫째주 일요일입니다.

그런데 미국주식 투자를 하다 보면, 주식 시장이 열리는 시간도 아닌데 주가가 움직이는 것을 볼 수 있습니다. 밤 10시 30분이 정규 마켓 열리는 시간인데, 저녁 6시부터 주가가 움직이기 시작하는 것입니다. 이는 '시간 외 거래'로, 정규 시간 외 거래가 가능합니다. 정규 마켓이 열리기 전 5시간 30분 동안 '프리 마켓'이 열리고, 정규 마켓이 끝난 후 2시간 30분 동안 '애프터 마켓'이 열립니다.

구분	미국 현지시간	한국시간(서머타임 적용할 경우)
프리 마켓	04:00~09:30	18:00~23:30(17:00~22:30)
정규 마켓	09:30~16:00	23:30~06:00(22:30~05:00)
애프터 마켓	16:00~18:30	06:00~08:30(05:00~07:30)

*미국 서머타임: 3월 둘째주 일요일 ~ 11월 첫째주 일요일

정규 마켓만 있으면 될 것 같은데, 프리 마켓, 애프터 마켓은 또 뭘까요?

미국은 땅이 넓어서 우리나라와 달리 미국 내에서도 시차가 있습니다. 동부와 서부 간 최대 3시간까지 시차가 납니다. 게다가 미국주식 시장은 전 세계 투자자들이 모이는 글로벌 1등 시장입니다. 유럽, 아시아, 아프리카, 너나 할 것 없이 미국주식 시장에 참여합니다. 최대 14시간 시차가 있는 우리 한국인들도 열심히 서학 개미 운동을 하듯 말이죠. 그런 글로벌 투자자들도 활발히 참여할 수 있도록 앞뒤로 마켓을 열어주는 보너스 타임이라고 보면 됩니다.

물론 엄연히 정규 마켓과 구분되어 있습니다. 거래가 가장 활발한 시장은 정규 마켓이고, 프리 마켓이나 애프터 마켓은 거래가 정규 마켓만큼 활발하지 않습니다. 일부 기관 투자자들의 경우 프리 마켓에 참여하는 것이 아예 법으로

금지되어 있기도 합니다. 그래서 초보자라면 프리, 애프터 마켓보다는 모든 시장 참여자들이 활발히 참여하는 정규 마켓에서 매매하시는 편이 좋습니다. 프리 마켓, 애프터 마켓은 아무래도 거래량이 적은 만큼 변동성이 심해서 초보자들이 대응하기가 어려울 수 있기 때문입니다.

대신 프리 마켓은 정규 마켓이 시작되기 전에 열리기 때문에 그 날의 시장 분위기를 파악하는 데 유용하게 활용됩니다. 예를 들어 애플이 좋은 실적을 발표하면 그 날 프리 마켓에서부터 주가가 급등합니다. 그 좋은 분위기가 정규 마켓으로까지 이어지면 정규 마켓에서도 그 급등한 가격으로 시작되기도 합니다. 전날 100불로 마감했는데, 오늘은 갑자기 120불에서 거래가 시작되는 것처럼 말이죠.

그러니, '아, 정규 마켓에서 주가가 더 오를 것 같다, 빨리 사야겠다' 라는 생각이 든다면 프리 마켓을 이용해서 미리 매수를 해두기도 합니다. 그렇지만 그 분위기가 다음 정규 마켓으로 꼭 이어지는 것은 아니기 때문에 주의해야 합니다. 즉, 프리마켓에서 분위기가 좋아도 정규 마켓에서는 막상 주가가 떨어질 수도 있습니다. 특히 시장이 열리고 가장 변동성이 큰 시간이 장이 열리고 1시간까지입니다. 그렇기 때문에 시장이 열리고 첫 1시간 동안은 분위기를 살피다가 이후 매매를 하는 것도 위험을 줄이는 방법이 됩니다.

6
미국의 증권 거래소는
뭐가 있을까?

미국에는 3대 증권 거래소가 있습니다. 그 주인공들은 뉴욕증권거래소(NYSE), 나스닥(NASDAQ), 아멕스(AMEX)으로, 각 거래소별 특징과 함께 소개하려 합니다.

1. 뉴욕증권거래소(NYSE: New York Stock Exchange):
세계에서 가장 큰 거래소

뉴욕증권거래소는 시가총액 기준 세계에서 가장 큰 거래

소입니다. 많은 글로벌 기업들이 이 뉴욕증권거래소에 상장하고 싶어 합니다. 투자 자금이 세계에서 가장 많이 모이는 거래소인 만큼 일단 상장만 하면 자금 조달하기에 더욱 유리해지기 때문입니다. 그만큼 상장 조건이 엄격해 뉴욕증권거래소에 상장했다는 사실만으로도 재정적으로 안정적인 기업으로 인정받는 효과가 있죠. 다시 말해 미국 증권거래위원회 SEC의 엄격한 심의를 통과한 것이라 할 수 있기 때문입니다.

뉴욕증권거래소는 1792년에 첫 발걸음을 내디뎠습니다. 지금처럼 증권 시스템이 전자화되어 있지 않던 시절, 증권사 직원들이 종이 쪽지를 들고 바쁘게 뛰어다니며 주식 거래를 하던 시절을 겪어 왔죠. 지금은 대부분의 시스템이 전자화 되었지만, 아직까지 오프라인 객장이 운영되고 있기도 합니다. 여전히 오프라인 객장에 출근하여 주식 거래를 하는 증권사 직원들도 많습니다. 일부 대규모 복잡한 거래는 오프라인 객장에서 처리하는 것이 더 효과적이기 때문입니다.

뉴욕증권거래소는 역사가 오래된 만큼 전통적인 대기업들이 많이 상장되어 있습니다. 존슨앤존슨(1886~), 코카콜라(1892~), 디즈니(1923~), 월마트(1962~), 비자(1958~) 등이 있습니다. 설립한지 50년, 100년 된 오랜 대기업이라면 대부분 이 뉴욕증권거래소에 상장되어 있다고 봐도 무방합니다.

2) 나스닥(NASDAQ):
가장 빠르게 성장하는 거래소

나스닥거래소는 시가총액 기준 세계에서 두 번째로 큰 거래소입니다. 1971년에 설립된 비교적 신생 거래소인데, 처음에는 IT 벤처 기업들이 투자 자금을 조달할 수 있도록 상장 문턱을 낮추며 시작했습니다. 지금은 그 IT 벤처 기업들이 글로벌 대기업으로 성장하면서 덩달아 나스닥거래소도 세계 2등 거래소의 자리를 차지했습니다.

나스닥거래소에는 첨단 산업에 속한 기업들이 많이 상장되어 있습니다. 애초에 뉴욕증권거래소에 비해 상장의 문턱도 낮췄고, 연회비도 2만 7천 달러밖에 되지 않으니(뉴욕증권거래소 50만 달러) 아직 재무가 덜 탄탄하더라도 충분한 성장성을 가진 기업들이 모이는 것이 자연스러웠습니다. 그러다 보니 '빠르게 성장하는 기업들이 상장된 거래소'라는 이미지가 강합니다. 전통 대기업들이 상장되어 있는 뉴욕증권거래소와의 차이점인 것입니다. 나스닥거래소에 상장된 대표 기업으로는 애플(1976~), 마이크로소프트(1975~), 아마존(1994~), 알파벳(1998~), 페이스북(2004~), 테슬라(2003~) 등이 있습니다. 이들은 현재 글로벌 시가총액 1~6등을 차지하고 있는 초대형 기업들이기도 합니다.

3)아메리카증권거래소
(AMEX: American Stock Exchange):
파생 상품 거래의 중심지 ____

아메리카증권거래소는 앞서 소개한 뉴욕증권거래소, 나스닥거래소에 비해 규모가 작은 곳입니다. 주로 중소형 기업들이 상장되어 있기 때문인데, 애초에 뉴욕증권거래소 밖 길거리에서 이루어지던 노상 거래가 발전하면서 탄생한 거래소이기 때문입니다. 뉴욕증권거래소의 높은 상장 문턱을 넘지 못한 중소형 기업들이 모여든 곳이 아메리카 증권거래소입니다.

아메리카증권거래소는 1921년에 시작하여 ETF, 옵션 등 파생 상품의 상장을 주도하며 지금의 대형 거래소로 성장했습니다. 미국주식 투자자들에게 가장 인기 있는 많은 ETF들이 이 아메리카증권거래소에 상장되어 있죠. 대표적으로 S&P500 지수를 추종하는 ETF인 SPY, IVV, VOO가 있습니다. 개별 종목의 경우 시가총액 1~15위를 봐도 사실 생소한 기업들이 많은 것이 사실입니다.

[미국 3대 거래소 시가총액 TOP 15(2021년 4월 29일 기준)]

No	뉴욕증권거래소 (NYSE)	나스닥 (NASDAQ)	아멕스 (AMEX)
1	버크셔 헤서웨이	애플	세니어 에너지
2	알리바바	마이크로소프트	임페리얼 오일
3	TSMC	아마존	시카고 옵션 거래소
4	비자	알파벳(구글)	B2골드
5	JP모건	페이스북	씨보드
6	존슨앤존슨	테슬라	노바골드 리소시스
7	마스터카드	엔비디아	이퀴녹스 골드
8	월마트	페이팔	그루포 시멕
9	유나이티드헬스그룹	ASML	글로벌스타
10	홈디포	컴캐스트	파크 내셔널
11	뱅크오브아메리카	인텔	넥스젠 에너지
12	디즈니	어도비	MAG 실버
13	피앤지	넷플릭스	브루클린 이뮤노테라퓨틱스
14	도요타	시스코	실버크레스트 메탈스
15	엑슨모빌	펩시	뉴골드

7
주가지수라는 게 뭘까?

　미국의 3대 증권거래소에 대해 알아보았으니, 이번에는 미국의 3대 주가지수에 대해 알아볼까요? 주가지수란, 여러 주식들의 주가 변화를 하나의 숫자로 나타낸 것을 말합니다. 시장 흐름을 한 눈에 파악하고 싶은데 그렇다고 수백, 수천 개가 되는 주식들의 주가를 일일이 살펴볼 수 없으니 등장했습니다. 만약 주가지수가 100에서 110으로 오른 시장이 있다면, '이 시장은 전체적으로 분위기가 좋았구나' 판단할 수 있습니다. 더 자세히 들여다보면 주가가 오른 주식도 있고 떨어진 주식도 있겠지만 말이죠. 미국의 3대 주가지수로는 S&P500 지수, 나스닥 지수, 다우 지수가 있습니다. 하나씩 살펴보겠습니다.

1. S&P500 지수
(Standard & Poor's 500 Index)

    ───────

S&P500 지수는 미국 상위 500개 우량 대기업으로 구성된 주가지수입니다. 미국의 신용평가회사인 '스탠다드 앤 푸어스'에 의해 1957년 첫 공개되었습니다. 각 산업별 대표기업들이 골고루 포함되어 있어 미국주식시장을 가장 잘 대표하는 지수로 평가받고 있습니다. 뉴스에서도 미국 증시 동향을 설명할 때 'S&P500 사상 최고치 달성' 등의 문구를 사용하는 것을 쉽게 볼 수 있습니다.

이 S&P500 지수에 편입된 기업이라면 우량 대기업이라고 봐도 좋습니다. 편입 자격 자체가 까다롭기 때문입니다. 기업 규모도 충분히 커야 하고, 4분기 연속 흑자를 내야 하며, 산업을 대표할 만한 기업이어야 합니다. 글로벌 전기차 1등 기업인 테슬라도 2020년 2분기 들어서야 S&P500 지수에 편입되었습니다.

2. 나스닥 종합주가지수
(NASDAQ Composite Index)

    나스닥 종합주가지수는 나스닥 시장에 상장된 모든 기업들로 구성된 주가지수입니다. 애초에 나스닥 시장은 기술기업 비중이 높기 때문에 나스닥 종합주가지수는 기술 분야 증시 동향을 확인하고 싶을 때 활용됩니다. 최근에는 기술주 중심의 증시 랠리가 이어져 나스닥 지수와 S&P500 지수 간 격차가 크게 벌어지기도 했습니다.

    '나스닥 100 지수'도 있습니다. 나스닥 시장의 상위 100개 우량 기업들을 모아 만든 주가지수입니다. 이 100개 기업 시가총액이 나스닥 시장의 90%를 차지하고 있는 만큼 두 지수 간의 차이가 크게 벌어지지는 않습니다.

[나스닥과 별 차이없는 나스닥 100 지수]

3. 다우지수

(Dow Jones Industrial Average) ⎯⎯

'다우지수'라고 알려져 있는 이 지수의 정식 명칭은 '다우존스산업평균지수'입니다. 1884년에 처음 발표된 지수로, 3대 주가지수 중 가장 오래된 역사를 갖고 있습니다. 다우지수는 미국 산업을 대표하는 30개 우량 대기업으로 구성되어 있습니다. 역사가 오래된 지수인 만큼 전통 산업에 속한 대기업들이 주로 편입되어 있죠.

그런데 최근 미국 증시에서는 기술주 중심의 상승장이 펼쳐지고 있는데, 그러다 보니 '과연 다우지수가 미국 증시를 대표할 만한가'에 대한 의구심이 계속 제기되고 있습니다. 그래서 최근 다우지수 역시 기술 종목들을 하나 둘 편입(기존 편입 종목은 편출)하고 있습니다. 다우지수는 세 주가지수 중 역사가 가장 오래된 지수이다 보니 여전히 미국 증시 흐름을 설명하는 데 많이 활용되고 있습니다.

간혹 증권거래소와 주가지수를 헷갈려하기도 하는데, 둘은 별개의 개념입니다. 나스닥 종합주가지수에는 나스닥 시장에 상장된 기업만 속해있는 것이 맞습니다. 그런데 S&P500 지수에 속한 기업은 나스닥 시장에 상장되어 있을 수도 있고, 뉴욕증권거래소에 상장되어 있을 수도 있습니다.

예를 들어 S&P500 지수에 속한 기업인 애플과 비자는 각각 나스닥거래소, 뉴욕증권거래소에 상장되어 있습니다. 반대로 나스닥 거래소에 상장된 기업이 S&P500, 나스닥종합주가지수, 다우지수에 모두 포함될 수도 있습니다. 예를 들어 마이크로소프트는 나스닥거래소에 상장되어 있으면서 세 주가지수에 모두 포함되어 있습니다.

8
ETF가 뭘까?

ETF(Exchange Trading Fund)는 특정 지수를 추종하는 펀드 상품입니다. '추종한다'는 건 해당 지수의 수익률을 그대로 따라간다는 의미로 생각하시면 좋습니다. 예를 들어 S&P500 지수를 추종하는 ETF인 SPY의 경우 S&P500 지수 수익률과 거의 동일한 움직임을 보입니다.

[S&P500 지수와 SPY(ETF)의 수익률 (2020.1~2020.12), 출처 Stockcharts]

즉, '나는 S&P500 기업 모두에 투자하고 싶다'고 생각한다면, SPY에 투자하면 됩니다. 실제로 SPY에는 S&P500 지수에 편입된 500개 종목이 모두 들어있습니다. 여기에는 애플, 아마존, 페이스북과 같은 기업들이 1등부터 500등까지 있습니다.

종목별 시가총액의 규모도 반영되어 있습니다. 즉, 시가총액 1등 기업인 애플의 편입 비중이 가장 높다는 말입니다. 500개 종목을 모두 사기에는 투자금이 제한적인 투자자에게 대안이 될 수 있는 상품입니다. 20~30만 원으로도 미국주식 시장 전체에 투자할 수 있게 되기 때문이죠.

물론 일반 펀드 상품 중에서도 지수 추종 상품이 있습니다. 다만 ETF가 거래소에 상장되어 있다는 점에서는 일반 펀드 상품과 다릅니다. 마치 개별 주식처럼 거래소에서 언제든 쉽게 사고 팔 수 있습니다. 이러한 면에서 일정 기간 동안 가입을 해야 하는 일반 펀드 상품과 큰 차이를 보여줍니다.

매매 방법도 개별 주식과 같습니다. 종목 검색 창에 ETF 티커를 검색하면 됩니다. 애플의 AAPL을 검색하듯 SPY는 SPY를 검색하면 됩니다. 이러한 특성 때문에 ETF를 그냥 '지수 펀드'가 아닌 '상장 지수 펀드'라고 부르는 것입니다.

참고로 미국은 글로벌 ETF 시장의 약 70%를 차지하고 있습니다. 1%도 채 되지 않는 우리나라에 비해 어마어마하게 큰 규모입니다. 규모가 큰 만큼 ETF의 종류 또한 다양합니다. 미국의 3대 주가지수를 추종하는 시장지수 ETF 뿐만 아니라 에너지, 금융, 헬스케어 등 산업지수를 추종하는 ETF도 있습니다. 또한 주식 외의 채권, 금/은, 비트코인과 같은 상품별 ETF도 있고, 환경보호/성평등/반려동물 등 특정 테마를 갖고 운용되는 테마별 ETF도 있습니다. 개별종목을 고르는 것이 어렵거나, 제한적인 투자금으로 여러 산업/테마에 분산 투자하고 싶을 때 ETF를 활용하면 좋습니다.

ETF도 문제가 생기면 언제든 상장폐지 될 수 있습니다. 물론 상장폐지가 되더라도 투자자들은 돈을 돌려받죠. 다만 원금 보장은 아닙니다. 상장폐지 시점의 시장가를 기준으로 돌려받게 됩니다. 즉, 원하지 않는 시점에 ETF를 강제 청산 당하게 됩니다. 이런 일이 생기지 않도록 투자하는 동안 계속 살아남아 있을 만한 ETF에 투자하는 것이 좋겠죠?. 그렇다면 ETF 투자 시 꼭 체크해야 할 5가지를 살펴봅시다.

1. 자산운용사/브랜드(Issuer/Brand) ____

ETF를 운용하는 자산운용사를 확인하는 것이 첫 단계입니다. 미국에는 블랙록, 뱅가드, 스테이트스트릿이라는 3대 자산운용사가 있습니다. 그리고 이 3대 자산운용사가 전체 지수 펀드 시장의 약 80%를 차지하고 있죠. 즉, 글로벌 자금이 대부분 이 3대 자산운용사에 흘러 들어간다는 것입니다. 그만큼 상품의 지속성, 안정성 측면에서 우위를 점하고 있습니다. 자금이 잘 모이지 않는 ETF는 상장폐지가 될 가능성이 높다는 사실을 잊지 마세요.

2) 자산운용규모
(AUM: Asset Under Management)와
일일 거래량(Average Daily Volume)

개별 ETF의 자산운용 규모를 확인할 수도 있습니다. 만약 3대 자산운용사에 속하는 ETF들이 서로 경쟁하고 있다면 기왕이면 자산운용규모가 높은, 즉 인기 있는 ETF를 선택하면 됩니다. 또한 이 ETF가 시장에서 활발히 거래되고 있는지도 확인하면 좋습니다. 활발히 거래되는 상품일수록 내가 원할 때 원하는 가격에 사고 팔 수 있는 확률이 높아집니다.

3) 수수료율(Expense Ratio)

ETF 역시 하나의 펀드 상품이기 때문에 운용 수수료가 있습니다. 물론 펀드매니저가 적극적으로 운용하는 일반 펀드 상품에 비해 저렴합니다. 그래도 운용 수수료를 낼 필요 없는 개별 종목 투자에 비해 메리트가 떨어지는 것이 사실입니다. 이런 수수료를 감안하더라도 ETF에 투자를 하고자 한다면 경쟁 ETF 상품들 중 비교적 운용 수수료율이 낮은 상품을 찾으면 됩니다.

　최근에는 자산운용사 간 경쟁이 치열해져 운용 수수료율이 많이 낮아졌습니다. 사실상 0.3% 미만이라면 신경 쓰지 않아도 될 정도로 충분히 저렴하다고 볼 수 있습니다. 물론 이 수수료는 ETF 가격에 이미 반영되어 있기 때문에 별도로 낼 필요는 없습니다. 즉, 현재 ETF 가격이 100불이라면 이미 수수료가 차감된 뒤 100불이 된 것입니다.

4) 출시년도(Inception Date)

　수많은 ETF들이 생기고 사라지는 와중에 오랫동안 살아남은 ETF라면 더 믿음이 갈 수 있을 것입니다. 다음은 ETF 출시년도를 확인해보는 것입니다. 만약 생긴지 몇 년 되지 않은 ETF라면 일시적인 유행에 의해 생긴 상품인지, 혹은 충분히 검증된 상품인지 검증하기가 어렵습니다. 출시년도가 충분히 오래된, 즉 거래 역사가 긴 ETF를 선택해주는 것이 좋습니다.

5) 편입 종목 & 비중

ETF에 편입된 종목과 편입 비중도 반드시 체크해주어야 합니다. 혹시나 이상한 곳에 투자되고 있지는 않은 지, 너무 특정 종목에 과하게 쏠려 있지 않은 지 확인하는 것입니다. 편입된 모든 종목을 볼 필요 없이 TOP10 정도만 체크해주어도 충분합니다. 기왕이면 선호하는 종목들이 높은 비중으로 편입되어 있는 ETF를 선택하는 것이 좋을 것입니다.

9
섹터란?
11개 카테고리로 나뉘는 시장

　미국에 상장되어 있는 수천 개의 기업은 크게 11개의 섹터로 나누어져 있습니다. 여기서 말하는 섹터는 하나의 큰 카테고리라고 봐도 무방해요. 예를 들면 생활필수품을 파는 기업들은 '필수소비재'라는 섹터로 분류되어 있고, 은행이나 증권사 같은 기업들은 '금융' 섹터에 함께 묶여 분류되어 있습니다. 즉, 주식시장에 상장되어 거래되고 있는 기업들 거의 대부분이 11개 섹터 중 하나에 포함되어 있다는 얘기가 됩니다.

그럼 이 11개 섹터를 알아두면 좋은 점은 무엇이 있을까요? 미디어, 특히 경제방송이나 뉴스 또는 증권사에서 '요즘 미국주식 금융 섹터가 좋더라 또는 헬스케어 섹터가 좋더라'라고 할 때 위 분류를 기준으로 말을 하고 있으므로 11개 섹터를 알아두는 것이 시장 분위기, 흐름을 파악하는데 매우 유용합니다. 뿐만 아니라 미국에 투자하는 거의 모든 기관들이 위 기준에 따라 투자를 하고 있어, 같은 섹터에 속한 기업들의 움직임이 매우 유사한 경우를 많이 볼 수 있게 됩니다.

예를 들면, 같은 에너지 섹터로 분류된 엑슨모빌과 쉐브론의 주가는 상승할 때는 같이 상승하고 하락할 때는 같이 하락하는 경우가 많습니다. 또 ETF에 투자할 때도 마찬가지로 위 분류기준에 따라 상품이 나오기 때문에 특별히 관심 있는 부문의 ETF를 골라 투자할 수도 있어 잘 알아두면 매우 유용합니다. 예를 들어 IT섹터 ETF에 투자한다면, 위 분류 기준에 따라 IT섹터의 종목들이 골고루 담기게 되며, 실제로 많은 기관들 역시 이러한 방식으로 투자를 하고 있습니다. 다음은 11개 섹터와 대표 종목들을 나타낸 표입니다. 참고로 여기서 소개한 분류기준은 글로벌 금융사인 S&P와 MSCI가 1999년 개발한 것으로, 지금까지도 가장 많이 쓰이는 대표적인 글로벌 산업 분류 기준입니다.

[섹터별 대표 기업들]

No	섹터	대표 기업
1	에너지	엑슨모빌, 쉐브론 등
2	소재	다우, 듀폰 등
3	산업재	보잉, 록히드마틴, GE 등
4	임의소비재	아마존, 테슬라, 나이키 등
5	필수소비재	P&G, 코카콜라 등
6	헬스케어	존슨앤존슨, 화이자 등
7	금융	버크셔해서웨이, JP모건 등
8	정보기술	마이크로소프트, 엔비디아 등
9	커뮤니케이션서비스	알파벳, 페이스북 등
10	유틸리티	넥스트에라에너지, 듀크에너지 등
11	부동산	아메리칸타워, 크라운캐슬 등

10
미국주식 시장에서
꼭 알아야 할 규칙?

상하한가 제도:

주가가 오르내리는 데 가격 제한이 없다고?

   국내주식 시장은 일일 주가 변동폭이 +/- 30%로 제한되어 있습니다. 즉, 주가가 아무리 많이 올라도 하루에 30% 넘게 오르거나 떨어질 수 없죠. 극심한 주가 변동성으로 투자자들이 피해를 입지 않도록 하는 일종의 투자자 보호 조치입니다.

그런데 미국에는 이 상하한가 제도가 없습니다. 그래서 주가가 하루에 2배 오를 수도, -90% 빠질 수도 있는 것이 죠. '그러면 미국주식 시장이 더 위험한 것 아닌가?' 생각이 들 수 있습니다. 그러나 상하한가 제도를 시행한다는 것 자체가 증시 변동성이 심하다는 것을 나타냅니다. 즉, 시장 성숙도가 높다면(변동성이 낮다면) 군이 상하한가 제도를 도입할 필요가 없는 것이죠. 상하한가 제도가 없는 미국, 영국의 증시는 상하한가 제도가 있는 대만, 중국, 한국 등보다 변동성이 낮습니다.

[국가별 평균 연환산 주식시장 변동폭]

분류	선진국					신흥국			
제한폭 규제 여부	없음			있음		없음		있음	
국가	미국	영국	독일	프랑스	일본	남아공	대만	중국	한국
변동폭 (%)	17.0	16.7	22.6	20.9	21.5	20.1	21.7	22.3	23.8

물론 개별 종목으로 보면 미국에도 변동성이 높은 종목들이 많습니다. 상하한가 제도가 없는 만큼 주가가 50%, 100% 무섭게 치솟았다가도 금세 반토막나는 경우도 있죠.

그래서 잘못된 흐름에 올라타면 미국주식시장이 더 무서운 곳이 될 수 있습니다. 그러니 미국주식에 투자하면서 무조건 안심하기보다는 변동성이 비교적 낮은 대형주, 우량주 중심으로 선별하여 투자하는 것이 좋습니다. 변동성이 큰 중소형주, 테마주의 경우 높은 변동성을 감내할 만한 충분한 경험과 노하우가 쌓였을 때 도전하는 것을 권합니다.

주가 상승/하락 표시:
우리나라와 미국은 반대다?

국내주식을 하다 미국주식을 하면 헷갈리는 것이 하나 있습니다. 사소한 것일 지 모르지만, 바로 주가 상승과 하락을 표시하는 색상이 반대라는 겁니다. 우리나라는 상승을 빨간색, 하락을 파란색으로 표시하지만 미국은 상승을 초록색, 하락을 빨간색으로 표시합니다. 각 나라에서 색상에 부여하는 의미가 다른 것이죠.

보통 동양권은 붉은색을 좋게 보는 반면 서양권은 파란색을 좋게 보기 때문이라는 속설이 있습니다. 서양에서는 우량 기업을 블루칩 기업, 유망한 시장을 블루오션 시장이라고 부르기도 하죠. 물론 국내 증권사는 투자자들이 헷갈리지 않도록 국내 기준에 맞춰 색상을 표시하고 있습니다. 미국주식도 국내주식과 마찬가지로 상승을 빨간색, 하락을 파란색으로 표시하고 있죠.

그렇지만 미국의 주식 웹사이트나 모바일 앱을 보시면 다른 것을 바로 느끼실 수 있습니다. 아래 그림과 같이 시장 분위기가 좋을 때는 시황판이 그린라이트로 가득하고, 큰 하락이 찾아왔을 때는 온통 빨갛게 물들어 있죠.

[미국 상승장(그린라이트) vs 하락장(레드라이트)]

그래서 한국에서는 시황판에 빨간색이 많으면 "증시가 단풍잎으로 물들었다" "불장이다"며 좋아하지만, 미국에서는 "피로 물든 날Bloody Day"이라며 우울해 한답니다.

결제일 T+3:
주식을 팔았는데 돈이 안 들어온다? ____

주식을 사고 팔면 돈으로 환산되죠. 그런데도 돈이 안 들어온다면 어떻게 될까요? 분명 주식을 팔았는데 다음 날 출금하려고 보니 출금 가능 잔고가 없는 상황! 이게 무슨 일일까요?

우리가 주식을 매도하는 시점과 실제로 돈이 계좌로 들어오는 시점에는 차이가 있습니다. 국내주식의 경우 매매 후 2영업일, 미국주식의 경우 매매 후 3영업일 이후에 돈이 계좌로 들어오는데요. 만약 국내주식을 월요일에 팔았다면 2영업일 이후인 수요일에 돈이 들어옵니다.

반면 금요일에 팔았다면 영업을 하지 않는 주말은 건너뛰고 2영업일 이후인 화요일에 돈이 들어오죠. 미국주식도 같은 원리입니다. 미국주식을 월요일에 팔았다면 3영업일 이후인 목요일에 돈이 들어오고, 금요일에 팔았다면 주말을 건너뛰고 3영업일 이후인 수요일에 돈이 들어옵니다.

이런 시차가 발생하는 이유는 주식 거래 자체는 증권사를 통하지만, 실제 주식이 오고 가는 데 필요한 각종 행정업무는 한국거래소, 한국예탁결제원 등의 기관을 거쳐야 하기 때문이죠. 중간에 여러 기관들을 거쳐 일을 처리하는 과정에서 시차가 발생하게 됩니다.

　그렇기 때문에 만약 주식을 팔아 돈을 마련해야 한다면, 적어도 3일 전에는 미리 매매 체결을 해두어야 필요한 날짜에 맞춰 돈을 인출할 수 있게 됩니다. 물론 매도 후 돈을 인출하려는 것이 아니라 다시 주식을 매수하고자 하는 것이라면 즉시 가능합니다. 매매가 체결된 이후부터 매도 금액에 대한 소유권을 갖게 되기 때문이죠!

11
미국주식 거래가
익숙하지 않다면?

....$...

국내주식과 다르게 미국주식을 포함한 해외주식은 거래를 하는데 절차가 더 필요합니다. 해외주식을 하려고 하는데 아직 거래방법이 익숙하지 않은 분들을 위해 신한 알파앱으로 거래 신청부터 주식 매매까지 차근차근 안내해드릴게요.

1. 해외주식 거래 신청하는 방법

Step1. 인증 수단을 거쳐 신한 알파 앱에 로그인.

Step2. 메뉴〉해외주식〉해외주식 거래확인〉해외주식 거래신청에 접속.

Step3. 계좌비밀번호 4자리를 입력 완료한 후 신청.

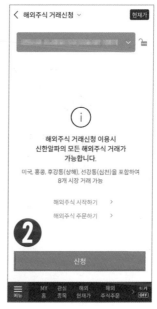

Step4. 여권 영문 이름을 입력 후 해외주식 약관 및 통합 증거금 설명서 약관을 확인 후 체크.

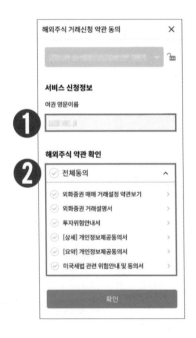

Step5. 가능 통화 범위를 설정하고, 투자성향 변경 버튼을 눌러 투자자 정보를 입력.

Step6. 투자성향 및 상품위험등급 내용 검토 후 최종 확인.

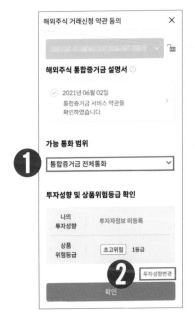

Step7. 해외주식 거래 신청 완료 창이 뜨면 바로 해외주식 주문이 가능한 상태.

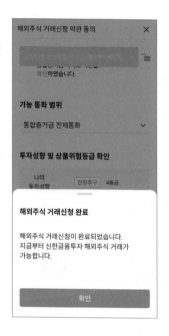

2. 환전하는 방법 ____

Step1. 신한 알파 앱의 메뉴〉매매〉해외주식〉환전〉환전신청에 접속.

Step2. 보유통화와 환전통화를 선택.

만약 원화를 달러로 환전할 경우 보유통화를 원화(KRW), 환전통화를 달러(USD)로 설정해주면 됩니다.

Step3. 원하는 환전 금액을 입력.

필요한 만큼의 달러 금액이 정해져 있는 경우 '환전 통화 기준'으로 해당 금액을 입력해주면 되고(예: 1,000USD), 들고 있는 원화 기준으로 환전 금액을 정하고 싶은 경우 '보유 통화 기준'을 선택하여 금액을 입력해주면 됩니다(예: 1,000,000KRW).

Step4. 적용 환율을 확인하고, 환전 신청.

달러를 매수할 경우와 매도할 경우 각각 적용되는 환율이 달라집니다. 환전 수수료 때문인데, 만약 기준 환율이 1,000원, 환전 수수료가 10원이라면 매수할 때 적용 환율은 1,010원(수수료 추가), 매도할 때 적용 환율은 990원(수수료 차감)이 됩니다.

참고로 달러의 실시간 환전 가능시간은 오전 9시부터 오후 4시까지입니다. 해당 시간 내에 환전을 하지 못한 경우 '통합증거금' 서비스를 이용하면 됩니다. 통합증거금 서비스는 별도 환전 없이도 현재 보유하고 있는 통화로 해외주식을 거래할 수 있는 서비스로, 달러 환전을 하지 못했더라도 일단 보유하고 있는 원화로 주식을 살 수 있게 해줍니다. 단, 매매일 다음 날 해당 금액만큼 자동 환전됩니다.

별도의 환전을 할 필요 없어 편리하지만 적용 환율을 직접 확인하고 환전할 수 없다는 단점이 있습니다. 가장 좋은 것은 앞에서 설명했듯 환율이 쌀 때 미리 실시간 환전을 해두고 필요할 때 미국주식을 사는 것이겠죠? 그렇지만 간혹 환전하지 못했는데 꼭 사야 할 주식이 있는 경우에는 통합증거금 서비스를 활용하셔도 좋습니다.

3. 해외주식 매매하는 방법

Step1. 신한 알파 앱의 메뉴〉매매〉해외주식〉해외주식 현재가에 접속.

Step2. 종목 검색을 클릭하여 원하는 종목을 검색.

검색은 회사명, 초성, 티커(코드) 중 편한 것으로 입력하면 됩니다. 예를 들어 애플을 검색할 경우, '애플' 'ㅇㅍ' 'AAPL'로 검색할 수 있습니다.

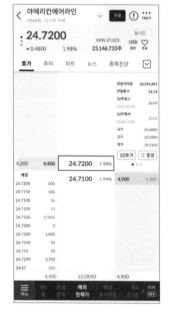 

Step3. '주문' 버튼을 클릭 후, 원하는 매매의 수량 및 금액을 입력.

매수의 경우 현재 보유하고 있는 금액에 따라 주문 가능 수량을 확인할 수 있고, 매도의 경우 현재 보유하고 있는 주식 수에 따라 주문 가능 수량을 확인할 수 있습니다.

Step4. '미리 계산'을 통해 주문 내역을 확인. 주문 버튼까지 눌러주면 매수 혹은 매도 완료!

Step5. '체결내역' 탭에서 실제 체결이 되었는지 확인.

특히 초보 투자자의 경우, 주문한 종목이 최종적으로 체결까지 완료되었는지 확인해주는 것이 좋습니다. 주문이 거부되거나, 주문한 금액대에서 거래가 이루어지지 않아 체결이 되지 않는 경우도 있기 때문입니다. 만약 주문 내용을 취소하거나 정정하고가 하는 경우, '정정/취소' 탭에서 할 수 있습니다.

5. 소수점 매매하는 방법 ─────

많은 인기를 누리고 있는 아마존, 구글 주식의 경우, 1주
당 가격이 200~300만 원입니다. 소액 투자자나 초보 투자
자들에게는 부담스러운 금액이죠.

이럴 때는 소수점 매매를 하시면 됩니다. 소수점 매매는
주식을 1주, 2주가 아닌 0.1주, 0.2주 등 소수점 단위로 거래
할 수 있는 서비스로, 비교적 작은 금액으로도 해당 주식들
을 매매할 수 있습니다.

단, 소수점 매매의 최소 주문 금액은 $4이며, 0.01주 단위
로 거래가 가능합니다. 즉, 1주당 가격이 $100인 주식이라
면 최소 주문 금액 $4부터 주문이 가능하며, 이는 0.04주에
해당됩니다.

Step1. 메뉴〉매매〉해외주식 간편투자〉해외주식 소수점 투자에 접속.

Step2. 검색 창에 원하는 종목을 검색하고, 검색 결과가 나오면 '〉'를 클릭.

Step3. 매수하기〉원하는 매매의 수량 및 금액을 입력.

주문 금액을 입력하면 내가 입력한 금액이 몇 주에 해당 되는지 자동으로 계산되며, 0.01주 단위로 거래되기 때문에 입력 금액 범위 내에서 0.01주 단위로 금액이 조정됩니다. 이후 보통 주문처럼 정상적으로 주문이 완료되었는지 확인 하면 됩니다.

처음 해외주식

1판 1쇄　　2021년 7월 28일
1판 2쇄　　2021년 8월 11일

지은이　　양찌(장은아)
펴낸이　　김승욱
편집　　　김승욱 심재헌 박영서
디자인　　최정윤
마케팅　　백윤진 채진아 유희수
홍보　　　김희숙 함유지 김현지 이소정 이미희 박지원
제작　　　강신은 김동욱 임현식

펴낸곳　　　이콘출판(주)
출판등록　　2003년 3월 12일 제406-2003-059호
주소　　　　10881 경기도 파주시 회동길 455-3
전자우편　　book@econbook.com
전화　　　　031-8071-8677
팩스　　　　031-8071-8672

ISBN　　　979-11-89318-27-7 03320